本书得到了教育部人文社会科学研究青年基金项目（
校人文社会科学研究项目（JJ20107）的资助

财税激励、空间溢出效应与
企业全要素生产率

胡春阳／著

经济管理出版社

ECONOMY & MANAGEMENT PUBLISHING HOUSE

图书在版编目（CIP）数据

财税激励、空间溢出效应与企业全要素生产率/胡春阳著.—北京：经济管理出版社，2021.2

ISBN 978 - 7 - 5096 - 7805 - 3

Ⅰ.①财… Ⅱ.①胡… Ⅲ.①企业管理—全要素生产率—研究 Ⅳ.①F272.3

中国版本图书馆 CIP 数据核字（2021）第 038426 号

组稿编辑：杨国强
责任编辑：赵天宇
责任印制：黄章平
责任校对：董杉珊

出版发行：经济管理出版社
　　　　　（北京市海淀区北蜂窝 8 号中雅大厦 A 座 11 层　100038）
网　　　址：www. E - mp. com. cn
电　　　话：（010）51915602
印　　　刷：北京晨旭印刷厂
经　　　销：新华书店
开　　　本：720mm×1000mm/16
印　　　张：12
字　　　数：209 千字
版　　　次：2021 年 3 月第 1 版　　2021 年 3 月第 1 次印刷
书　　　号：ISBN 978 - 7 - 5096 - 7805 - 3
定　　　价：98.00 元

前　言

党的十九大提出提高全要素生产率（TFP）的重大战略要求后，提高 TFP 成为当前"三大变革"和"三期叠加"关口各项工作的重中之重，也是当前国内、国际新形势下制定和实施财税激励政策的重要依据。我国近年来大力实施财税政策，以发挥其"扶持之手"的作用，但 TFP 并未呈现出明显的增长趋势，且目前关于财税激励对企业 TFP 影响的研究成果也不够丰富。鉴于此，本书围绕财税激励是否提高了企业 TFP，财税激励资金通过何种路径，如何对企业 TFP 产生影响，其影响来源是什么，是否存在空间溢出效应，在全样本、分区域样本和分产业样本中影响是否具有异质性等问题系统地进行分析。

全书按照财税激励影响企业 TFP 的"理论分析（路径及机制分析）—实证检验（包括财税激励对企业 TFP 的影响分析，以及考虑溢出效应后的影响分析两部分）—异质性及来源分析—对策建议"的思路展开，其中：理论分析部分，为明晰财税激励影响企业 TFP 的路径及机制，在明确 TFP 增长来源及影响因素的基础上，基于财税政策目标、计划、方案制定到政策实施并产生影响的全过程，明确财税激励影响企业 TFP 的两类路径，即结合创新驱动、空间溢出效应，将企业创新及空间因素纳入本书的研究当中，构建理论模型为考察财税激励对企业 TFP 的作用机制提供理论依据；实证分析部分，考虑到现有文献中缺乏系统的、企业层面的财税激励对企业 TFP 影响的成果，基于微观企业之间距离构造新的基于企业层面点状数据的空间权重矩阵，拓展了空间计量分析的适用性，并尝试结合直接效应和空间溢出效应分析财税激励对企业 TFP 的影响，从理论和实证层面检验构建微观企业层面空间权重矩阵的思路及在此基础上所取得结论的适切性。

全书分为七章。

第一章为绪论。从市场机制、财税激励和 TFP 三个方面阐述本书的研究背景；从路径机制探索、微观企业层面空间计量模型突破以及制度因素引入等方面论证本书研究的理论价值；结合财税政策的制定、实施、效果以及当前时代背景，论述其现实意义所在；重点对研究思路、结构、方法以及可能的创新点与不足进行说明。

第二章为文献综述。从 TFP、溢出效应、政策影响三个维度，对国内外主要研究内容进行梳理，明确 TFP 的作用、测算方法、趋势及特征，归纳溢出效应的概念及分类，阐述研发溢出效应、技术溢出效应及空间规律、吸收能力的概念及维度等相关研究情况；重点通过对政策评价标准及方法、政策对企业的影响、财税政策影响等相关文献的梳理，明确本书的研究基础和切入点。

第三章为财税激励与企业 TFP：影响因素及路径机制。首先分析企业 TFP 增长的来源，挖掘影响企业 TFP 的因素，为后期构建模型时引入控制变量提供依据，进而阐述财税激励制定、实施环节全过程中政府和企业涉及的主要内容、影响因素及政企之间的相互作用，从而明确财税激励影响企业 TFP 的路径，并分析财税激励影响企业 TFP 的直接作用机制和空间溢出机制。

第四章为财税激励对企业 TFP 的影响。在对各类 TFP 测算方法进行梳理和比较的基础上，基于 Wind 金融数据库和历年《中国统计年鉴》的数据，采用主流的 OP 方法、LP 方法测算企业 TFP，通过面板数据实证分析，回答"财税激励对企业 TFP 的影响有哪些、显著性如何、不同的区域和产业是否存在差异"的问题；在内容上，利用中国上市公司面板数据检验财税激励对企业 TFP 的影响，通过各样本分析结果的比较明确其异同，为制定财税激励提供实证依据。

第五章为基于空间溢出效应的财税激励对企业 TFP 的影响。主要任务是通过财税激励与企业 TFP 之间关系的空间计量分析，着重回答"政府对企业实施的财税激励是否通过空间溢出效应影响其他相关企业 TFP、什么决定其空间溢出效应的大小、不同的区域和产业是否存在差异"的问题。在内容上首先明确空间计量模型的分类、检验及空间杜宾模型的优势，并通过莫兰指数检验初步明确观测对象的空间自相关性；然后重点利用坐标拾取系统创建样本企业地理坐标，并在此基础上构造新的基于企业层面点状数据的地理空间权重矩阵，进而构造经济空间权重矩阵和嵌套空间权重矩阵，将相关空间计量由宏观层面拓展到企业微观层面，分析构建空间杜宾模型、财税激励对企业 TFP 的直接效应和空间溢出效应；同时将回归结果与省际层面回归结果进行比较，分析其差异及产生的原因，为针对性地制定和实施财税激励提供借鉴。

第六章为财税激励对企业 TFP 影响的异质性及来源。分析财税激励对企业 TFP 影响的异质性及来源，回答了"财税激励的影响是否具有异质性，其影响来源是什么"的问题。在内容上，首先明确不同样本中财税激励影响的异质性，并以京津冀制造业为例，通过各项财税激励与 TFP 增长分解项的回归分析，明确财税激励影响的来源；然后分析分区域样本和分产业样本中空间溢出效应的来源。

第七章为结论、政策建议及展望。基于本书的理论分析和实证检验，总结主要研究结论，提出政策建议及研究展望。

本书围绕财税激励与企业 TFP 展开论述，内容翔实、语言规范、视角新颖，且为适应学科发展和中国实际，结合内生性的来源，通过甄选 TFP 测算方法、减少遗漏变量，消除财税激励制度和实施企业决策带来的选择性偏误、同时性偏误及由此引发的内生性问题，并借助工具变量解决模型中的内生性、遗漏变量等问题，实现财税激励与企业 TFP 之间因果关系的有效识别；基于中国国有企业市场势力形成的特殊性，引入修正后的 Lerner 指数，将制度因素引入财税激励影响企业 TFP 实证模型中，使之更契合中国实际。此外，在全面归纳、理解和掌握相关理论的基础上，形成财税激励影响企业 TFP 的理论分析框架，使本书更具学科交叉性、渗透性，更符合经济社会发展趋势。

本书系教育部人文社会科学研究青年基金项目（20YJC790045）的研究成果，同时也为江西省高校人文社会科学研究项目（JJ20107）提供了研究基础和阶段性成果，编写过程中得到了南开大学刘秉镰教授、南京大学吴福象教授、南京财经大学余泳泽教授、南开大学马蔡琛教授等的指导和建议，在此表示感谢，本书原定名为"减税激励、财政补贴与企业全要素生产率"，根据出版社建议改为现名，感谢出版社为本书所做的大量工作。

由于笔者水平有限，编写时间仓促，所以书中错误和不足之处在所难免，恳请广大读者批评指正。

著　者

2020 年 8 月

目　录

第一章 绪论

党的十九大首次提出提高全要素生产率（Total Factor Productivity，TFP）的要求，提高 TFP 成为新时代我国经济实现结构转换、动力转换，迈向高质量发展阶段的重要内容，也是适应市场经济发展，引导政府部门制定有利于促进技术进步和技术效率提升的财税激励政策的重要依据。但从近年来财税政策的实施情况来看，效果并不理想，而目前关于财税激励对企业 TFP 影响的研究成果也不够丰富，尤其缺乏关于微观层面的路径机制和综合考虑空间溢出效应的成果，难以为当前制定实施财税激励政策和提高企业 TFP 提供足够的理论支撑。本章在明确研究背景、研究意义、研究视角、研究方法等的基础上，重点对本书的思路框架、章节安排进行了阐述，并总结了本书可能的创新点及主要难点。

第一节 研究背景及意义

一、研究背景

1. 市场机制的日益完善客观上要求规范政策激励并注重其影响

中华人民共和国成立后，我国长期实施政府主导的计划经济，符合当时经济发展的需要，党的十四大正式确立了市场经济改革目标（高小平，2019），以发挥"看不见的手"对资源配置的基础性作用（石军，2013）。然而，现实的情况却是，基于新古典经济学"市场失灵"理论，同时受政策决策部门权力扩张、有限理性和信息不完备等因素影响，地方政府在制定和实施财税政策的过程中，倾向于通过投资、土地、准入等的审批，强化对微观经济主体的直接激励（刘社建，2014），已经形成了选择性、多样化、全覆盖、重干预的政策体系，客观上存在过度干预市场和"政府失灵"的问题，这种财税激励与社会主义经济体制不相容，不符合党的十八届三中全会经济体制改革的要求，其政策效果也往往"事与愿违"。在社会主义市场机制日益完善的今天，客观地要求财税政策与市场机制形成互补，在优化产业结构、推进制度创新、弥补市场失灵等方面发挥重要作用，同时注重其影响。

2. 财税激励的影响逐渐受到学界关注

财税政策作为政府调配资源的重要手段，既在宏观层面服务于 GDP 增长、经济发展和社会公平等目标，又在产业和微观企业层面通过财政补贴、税收优惠、低息贷款以及政府采购等配套政策，促进产业发展和转型升级，激励企业创新和生产率提升（韩庆华等，2009）。随着 1994 年国家分税制改革的实施，地方政府获得了事权和较大的财政自主权（林尚立，1998），加之财政工具特有的便捷性，财税激励成为地方政府重要的基础性政策工具。

然而近年来凸显出的"重复投资""产能过剩""僵尸企业"等一系列问题，很大限度上是政府财税激励不当干预的结果（江飞涛，2010），从产业层面来看，财税政策正在经历"政策干预—投资潮涌—产能过剩—政策更替"的过程（白让让，2016），从企业层面来看，政策目标的多样性、政策制定的不科学性，加之实施过程中道德风险、策略博弈的存在，财税政策资金可能对企业自身投入形成"挤出效应"（安同良等，2009），其政策激励的初衷往往难以实现。

近年来，学术界对财税激励的影响越来越关注，但从现有的文献来看，国内外通过微观企业层面 TFP，系统地分析财税激励影响的成果较少，尤其是关于路径机制和综合考虑空间溢出效应的成果。因而有必要系统地分析财税激励影响的企业 TFP 的路径及机制，并探索性地引入微观企业层面空间权重矩阵对财税激励的影响进行检验，进而拓展财税激励及空间溢出效应相关研究。

3. TFP 成为衡量经济发展和财税激励影响的重要指标

改革开放以来，我国依靠"人口红利"和资源的高投入实现了经济的快速增长，1978～2011 年平均 GDP 增速高达 9.96%，创造了举世瞩目的经济增长奇迹，这也与我国积极的财税激励政策支持密切相关，相关政策通过对资源的重新配置，起到了促进公平、提升效率的作用。然而，随着我国人口结构的转变，同时受资源、环境、土地等的制约，以往的发展模型和财税政策思维难以维持长期的经济高速增长，2012 年后我国 GDP 增长率跌破 8%，中低速增长成为新常态（任保平和段雨晨，2016）（见图 1 - 1）。

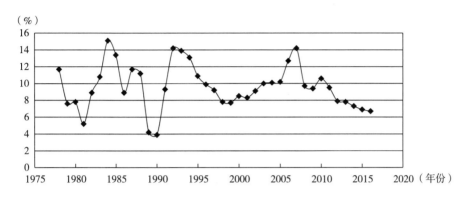

图 1 - 1　中国实际 GDP 增长率

注：基于 SNA2008，主要采用 OLS 方法测算。

从供给侧来看，经济潜在增长率由人力资本、物质资本及 TFP 共同决定（杨天宇和曹志楠，2015），新常态下发展经济应更多地注重提高 TFP，走创新驱动发展的道路。习近平总书记 2015 年提出开展供给侧结构性改革，用改革的办法推进结构调整，矫正要素配置扭曲，提高 TFP（陈大为，2017），党的十九大报告则将"提高 TFP"提升到新的高度，提高 TFP 成为新时代我国经济实现"三大转换"、迈向高质量发展阶段的重要内容（范丽，2016），TFP 已经成为衡量经济发展和财税激励影响的重要指标。

二、研究意义

1. 理论意义

本书的理论意义主要体现在路径机制探索、微观企业层面空间计量模型突破以及制度因素引入等方面。

在路径机制探索方面，Grossman 和 Helpman 早在 1991 年即建立资源约束条件和非套利条件，分析研发补贴对创新速度和经济增长率的影响，但从以往的成果来看，关于财税激励影响微观企业的路径机制的研究仍不足（韩乾和洪永淼，2014）。在全面归纳、理解和掌握财政学、TFP、经济地理学、产业政策学、高级宏观经济学等理论的基础上，结合前人的研究成果，系统性地从技术进步、技术效率、空间溢出效应（如示范效应、竞争效应、挤出效应等）等方面，对财税激励影响微观企业 TFP 的路径进行理论推演，将财税激励与企业 TFP 相关联并分析其作用机制，从而拓展财税激励对企业 TFP 影响的理论分析框架。

在微观企业层面空间计量模型突破方面，遵循地理学第一定律关于地球表面事物之间相互关联的空间距离规律，发挥探索性空间数据分析"让数据自己说话"的优势（沈体雁等，2010），构建体现企业空间位置的地理空间权重矩阵，利用数据驱动发掘财税激励影响的空间依赖性，本部分的价值在于利用坐标拾取系统创建样本企业地理坐标，并在此基础上构造新的基于企业层面点状数据的空间权重矩阵，实现相关研究中空间计量的尺度由宏观层面向微观企业层面的拓展，同时通过引入经济发展水平和离差因子构建经济空间权重矩阵和嵌套空间权重矩阵，也使研究结论更真实地反映其空间依赖性。

在制度因素引入方面，不同企业所有制属性下，企业效率存在一定的差异，以往的计量实证分析多通过分样本分析明确其结果差异，在研究过程中却很少直接对其进行有效控制。本书在研究财税激励影响时的一项理论贡献在于通过引入修正后的 Lerner 指数来衡量制度因素。考虑到国有企业市场势力的形成具有其特殊性（聂辉华，2017），在 Ariss（2010）研究的基础上修正 Lerner 指数，以区分显性和隐性市场势力，后者实际上在很大程度上反映国有企业和非国有企业在制度上的差异，从而通过引入修正后的 Lerner 指数实现对制度因素的控制，模型更契合中国实际，结论更具借鉴意义。

2. 现实意义

长期以来，地方政府官员囿于政绩考核、执政能力和信息获取能力，倾向于采用财税政策进行激励，但对其效果关注不足。财税政策一般以财政补贴、税收优惠、低息贷款等形式实施（胡春阳，2018），直接给企业带来大量的营业外收入，并计入企业当年绩效和利润，产生"账面效应"，从而对企业当期，乃至滞后期绩效产生积极影响，但对于不同区域和产业内企业，不同财税政策其激励绩效存在差异。也有大量研究表明，财税激励对企业经营不具有积极影响。李经龙等（2014）以旅游业上市公司为例，基于 2008～2012 年数据分析财政补贴对企业总资产收益率（ROA）的影响，研究表明，两者之间不具有显著相关性。

财税政策，尤其是高强度财税政策在激励企业提高绩效的同时，也往往容易使企业形成依赖，不利于企业 TFP 的提升，但当前学术界对财税激励如何对企业 TFP 产生作用及其效果重视不足，缺乏系统、科学的为政府财税政策的制定和实施提供有效支持的研究成果。鉴于此，本书选取企业 TFP 为指标进行财税激励影响分析，这既符合财税政策研究领域发展的趋势和我国经济转型发展的要求，也契合当前供给侧结构性改革时期提高 TFP 的时代背景，具有重要的现实意义。

第二节 研究视角及方法

一、研究视角

基于企业微观视角，通过分析财税激励对企业 TFP 的影响来考察财税政策的实施效果，主要基于如下考虑：

首先，与本书研究主题相关的空间计量分析，其空间权重矩阵通常建立在区域层面面状数据基础上，反映的是区域内观测对象在区域层面上的表现，从而人为地形成"黑箱"，不利于刻画微观经济主体的运行状况。从企业层面开展财税激励空间计量经济分析可较好地控制因企业个体异质性带来的影响（王良举和陈甬军，2013），且现有的成果表明基于微观企业层面的空间溢出效应研究相对滞后，基于微观层面的尝试有利于丰富相关研究的理论体系。

其次，财税政策对企业的作用越来越直接。受政策决策部门权力扩张、有限理性和信息不完备等因素影响，地方政府在制定和实施财税政策的过程中，越来越倾向于通过投资、土地、准入等审批，强化对微观经济主体的直接干预，从而有必要基于微观企业层面研究财税激励影响企业 TFP 的路径及机制。

此外，我国当前的经济增长态势和增长方式客观上要求将提高企业 TFP 作为新的经济增长的重要来源，这也是本书选择研究视角时考虑的重要因素。

二、研究方法

1. 文献资料法

通过 CNKI 数据库、WOS 数据库、Google 及南开大学图书馆广泛收集国内外关于财税政策、TFP、市场势力、空间计量方法、空间权重矩阵等的文献资料，充分了解相关领域进展，明确研究的不足，进而挖掘新的研究视角及可能的创新点。

2. 归纳法与演绎推理法相结合

在全面归纳、理解和掌握财政学、经济地理学、产业政策学、高级宏观经济学等相关理论的基础上，形成财税激励影响企业 TFP 的理论分析框架，从理论层面对财税激励影响企业 TFP 的机制进行理论推演，并提出财税激励影响企业 TFP 的路径。

3. 多种分析工具相结合

综合运用多种统计计量方法，探究财税激励与企业 TFP 之间的内在关系，采用 LP 方法、OP 方法测度企业 TFP，采用修正后的 Lerner 指数测度市场势力，采用非参数曼奎斯特指数法进行 TFP 增长分解，结合动态面板分析、工具变量法、空间杜宾模型等分析各因素对企业 TFP 的影响，利用 LM 检验、F 检验和豪斯曼检验，甄选面板数据回归模型，通过正则相关和弱工具变量检验分析模型的有效性，为探索政策建议奠定基础。

4. 理论分析与实证检验相结合

第三章明确企业自身因素、市场因素及制度因素的影响，以利于在实证分析中更好地排除各因素的干扰，分析财税激励影响企业 TFP 的路径及机制，为本书的研究提供理论支撑，第四章构建理论模型，采用两步法 GMM 进行基本回归，并结合代理变量、LIML 等方法进行稳健性检验，第五章从理论上明确空间计量模型的分类、检验及空间杜宾模型的优势，基于邻接空间权重矩阵和距离空间权重矩阵等基本理论构造企业层面空间权重矩阵，并将其应用到实证研究中。

第三节　研究思路及章节安排

一、研究思路

按照财税激励影响企业 TFP 的"理论分析（路径及机制分析）—实证检验（包括财税激励对企业 TFP 的影响分析，以及考虑溢出效应后的影响分析两部分）—异质性及来源分析—对策建议"的思路展开（见图 1-2）。

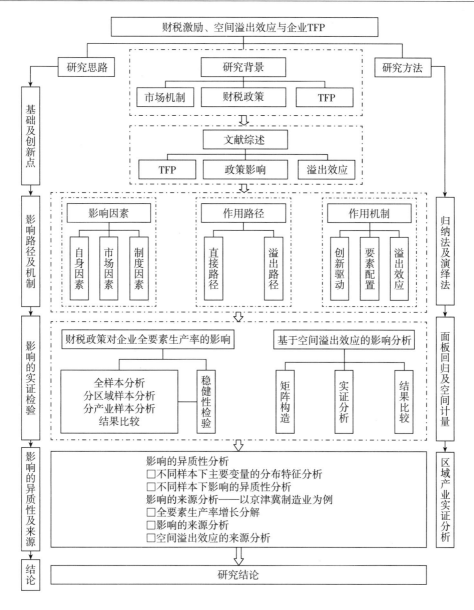

图 1-2 研究思路示意图

资料来源：由笔者根据全文内容整理而成。

二、章节安排

第一章为绪论部分。从市场机制、财税激励和 TFP 三个方面阐述本书研究的背景，从路径机制探索、微观企业层面空间计量模型突破以及制度因素引入等方面论证本书研究的理论价值，结合财税政策的制定、实施、效果以及当前时代背景，论述其现实意义所在，重点对研究思路、结构、方法以及可能的创新点与不足进行说明。

第二章梳理国内外文献。从 TFP、溢出效应、吸收能力、政策影响四个维度，对国内外主要研究内容进行梳理，明确 TFP 的作用、测算方法、趋势及特征，归纳溢出效应的概念及分类，阐述研发溢出效应、技术溢出效应及空间规律、吸收能力的概念及维度等相关研究情况，重点通过对政策评价标准及方法、政策对企业的影响、财税政策影响等相关文献的梳理，明确本书的研究基础和切入点。

第三章进行理论分析。分析影响企业 TFP 的路径及机制，主要任务是分析财税激励影响企业 TFP 的因素及路径机制，回答"为什么可以从微观企业层面分析财税激励对企业 TFP 的影响"这一问题。

在内容上，首先分析企业 TFP 增长的来源，挖掘影响企业 TFP 的因素，为后期构建模型时引入控制变量提供依据，进而阐述财税激励制定、实施环节全过程中政府和企业涉及的主要内容、影响因素及政企之间的相互作用，从而明确财税激励影响企业 TFP 的路径，并分析财税激励影响企业 TFP 的直接作用机制和空间溢出机制。

第四章通过实证分析财税激励对企业 TFP 的影响。首先在对各类 TFP 测算方法进行梳理和比较的基础上，基于 Wind 金融数据库和历年《中国统计年鉴》基础数据，采用主流的 OP 方法、LP 方法测算 2008～2017 年企业 TFP，在此基础上通过面板数据实证分析，回答"财税激励对企业 TFP 的影响有哪些、显著性如何、不同的区域和产业是否存在差异"的问题。在内容上，利用中国上市公司 2008～2017 年的面板数据检验财税激励对企业 TFP 的影响，通过各样本分析结果的比较明确其异同，为制定财税激励提供实证依据。

第五章基于空间溢出效应分析财税激励对企业 TFP 的影响。主要任务是通过财税激励与企业 TFP 之间关系的空间计量分析，着重回答"政府对企业实施的财税激励是否通过空间溢出效应影响其他相关企业 TFP、什么决定其空间溢出效应的大小、不同的区域和产业是否存在差异"的问题。在内容上，首先明确空间计量模型的分类、检验及空间杜宾模型的优势，并通过莫兰指数检验初步明确观测对象的空间自相关性，然后重点利用坐标拾取系统创建样本企业地理坐标，并在此基础上构造新的基于企业层面点状数据的地理空间权重矩阵，进而在此基础上构造经济空间权重矩阵和嵌套空间权重矩阵，将相关空间计量由宏观层面拓展到微观企业层面，构建空间杜宾模型，财税激励对企业 TFP 的直接效应和空间溢出效应进行分析，同时将回归结果与省际层面回归结果进行比较，分析其差异及产生的原因，为针对性地制定和实施财税激励提供借鉴。

第六章为异质性及来源分析部分。分析财税激励对企业 TFP 影响的异质性及来源，主要任务是回答"财税激励的影响是否具有异质性，其影响来源是什么"的问题。在内容上，首先明确不同样本中财税激励影响的异质性，并以京津冀制造业为例，通过各项财税激励与 TFP 增长分解项的回归分析，明确财税激励影响的来源，最后分析分区域样本和分产业样本中空间溢出效应的来源。

第七章为结论及政策建议部分。基于全文的理论分析和实证检验，总结主要研究结论，提出政策建议及研究展望。

第四节　主要创新点

第一，明晰财税激励影响企业 TFP 的路径及机制。在明确 TFP 增长来源及影响因素的基础上，基于财税政策目标、计划、方案制定到政策实施并产生影响的全过程，明确财税激励影响企业 TFP 的两类路径，即直接作用路径和空间溢出效应路径，构建模型并利用 TFP 解构，系统地分析财税激励影响企业 TFP 的作用路径，同时构建模型考察财税激励对企业 TFP 的作用机制，进一步完善财税激励影响的理论分析框架。

目前，学术界关于财税激励影响微观企业的机制缺乏系统、深入的研究，在全面归纳、理解和掌握财政学、经济地理学、产业政策学、高级宏观经济学等理论的基础上，结合创新驱动、空间溢出效应等，将企业创新及空间因素纳入本书的研究当中，构建理论模型为考察财税激励对企业 TFP 的作用机制提供理论依据。

第二，构造微观企业层面的空间权重矩阵。借鉴李佳洺等（2016）企业空间分布矩阵的处理方法，以及唐诗和包群（2016）采用 0－1 虚拟变量衡量相邻省份主导产业对本地主导产业中企业影响的思路，在空间权重矩阵构造方面有所突破。基于微观企业之间距离构造新的基于企业层面点状数据的空间权重矩阵，拓展了空间计量分析的适用性，并尝试结合直接效应和空间溢出效应分析财税激励对企业 TFP 的影响，从理论和实证层面检验构建微观企业层面空间权重矩阵的思路及在此基础上所取得结论的适切性。

现有的文献中缺乏系统的财税激励对企业 TFP 影响的成果，相关研究多局限于产业层面，鲜有基于企业层面的研究。依托数据驱动发掘财税激励对企业 TFP 的空间溢出效应，通过坐标拾取系统创建样本企业地理坐标，构造新的基于企业层面点状数据的地理空间权重矩阵，实现了空间计量分析适用性向微观层面的拓展，同时基于经济空间思维，通过引入经济发展水平和离差因子构建经济空间权重矩阵和嵌套空间权重矩阵，也使研究结论更能真实反映其空间相关性。

第三，尝试将制度因素引入财税激励影响企业 TFP 实证模型中。在处理控制变量时，对衡量市场势力的 Lerner 指数进行修正并引入模型中，以体现不同企业所有制带来的影响，也构成了本书的一个创新点。考虑到中国国有企业市场势力形成的特殊性（聂辉华，2017），在 Ariss（2010）研究的基础上，对测度市场势力的 Lerner 指数进行修正，以区分隐性和显性市场势力，前者在很大程度上反映国有企业和非国有企业在制度上的差异，引入修正后的 Lerner 指数的模型更契合中国实际，结论更具借鉴意义。

此外，通过多种方式实现因果关系的有效识别。在采用实验法、准实验法、文本计量、结构计量经济模型等方法进行因果识别存在困难的条件下，结合内生性的来源，通过价格平减、异常值处理、缩尾处理等减少变量自身误差，尝试对影响企业 TFP 的各类因素进行梳理，以便尽可能地找出影响因素并进行控制，从而减少遗漏变量，形成约束条件，为估计财税激励对企业 TFP 的净效应奠定基础，进而采用 OP 方法、LP 方法测算 TFP，消除财税激励制度和实施时企业决策带来的选择性偏误、同时性偏误，及由此引发的内生性问题，并借助工具变量解决模型中的内生性、遗漏变量等问题，实现财税激励与企业 TFP 之间因果关系的有效识别。

第五节 本章小结

从市场机制、财税激励和 TFP 三个方面阐述了本书的研究背景，从作用机制探索、微观企业层面空间计量模型突破以及制度因素引入等方面论证了本书研究的理论意义，结合财税政策制定、实施、效果及当前时代背景论述了其现实意义所在，重点对研究思路、结构、方法以及可能的创新点及难点进行了阐述。

第二章　文献综述

TFP、溢出效应、政策影响是本书的重要维度，围绕这三个维度进行文献梳理，构成了本书的研究基础。本章第一部分首先阐述财税激励、TFP、溢出效应等基本概念，进而从研究主体、客体、内容和方法等方面界定本书的研究范畴，第二部分介绍 TFP 的作用、测算方法、趋势及特征，第三部分归纳溢出效应的类型，并介绍了研发溢出效应、技术溢出及空间规律，第四部分介绍吸收能力的概念、维度及测度等基本理论，第五部分从政策评价标准与方法、政策对企业的影响、财税政策影响等方面梳理了政策影响的研究文献。

第一节　概念及研究范畴的界定

一、财税激励的概念

财税激励作为政府调配资源的重要手段，主要通过财政补贴、政策性贷款、税收优惠等形式来实施，其中，财政补贴是以企业为主要对象的转移支付，该政策工具通过直接有针对性地对企业进行援助，可起到降本增效的作用，财政补贴具有无偿使用的特点；政策性贷款是指由政策性金融机构或具有国有控股背景的商业银行向特定的行业、企业提供的指导性、优惠性银行贷款；税收优惠，即税收优惠政策，一般认为是国家在特定历史时期内，针对特定区域、产业和企业制定的一系列旨在促进经济结构转型和社会公平，改善企业现金流的鼓励政策（张彩英，2017），包括税款减免、税收返还、降低税率、税前加计扣除等形式（韩平飞，2017）。

从宏观和中观层面而言，财税激励具有稳增长、优结构、促平衡、调收入的作用，对微观层面企业而言也具有重要的推动作用，尤其是针对技术创新而实施的财税激励政策，通过加大科技活动奖励力度、增加研发补贴、实施研发专项税收优惠、转型增值税（譬如增加增值税税种、增进税收公平、规范所得税、注重产业链上游优惠和事前优惠等）（刘金芬，2014），均可能提高企业 TFP。

二、TFP 的概念

早期文献提及的生产率一般是指劳动、资本、土地等单要素生产率（Single Factor Productivity，SFP）（王茨，2010）。由于不同要素之间的可替代性，这些单要素生产率在衡量生产率时存在较大缺陷，无法采用单要素生产率准确地代表整个经济活动的生产率（许昕，2017），从而也无法测度增长的源泉。Tinbergen（1942）最早提出全要素生产率（Total Factor Productivity，TFP）的概念，Solow（1957）用总产出与各种要素投入的比表示各种要素的单位平均产出，但 TFP 反映的是生产函数中不能用劳动、资本等单要素生产率表示的部分，其中包含较多的组成部分。

Solow 在 C - D 生产函数的基础上，基于规模报酬不变（$\alpha + \beta = 1$）和希克斯中性假设（许昕，2017），通过求全微分并整理得出式（2 - 1）所示的 TFP 增长模型：

$$\frac{d(TFP)}{TFP} = \frac{dY}{Y} - \frac{dX}{X} = \frac{dY}{Y} - \left(\alpha \frac{dL}{L} + \beta \frac{dK}{K} \right) \qquad (2 - 1)$$

显然，根据式（2 - 1），TFP 增长是经济增长中要素投入无法解释的剩余部分（郑明海，2008）。

按照 Solow 的观点，经济增长由劳动、资本和技术进步共同决定，其中无法用单要素增长来诠释的内容均归为技术进步，也即 TFP，又称"索洛残差"（李晓宁，2012）。此后一段时期内，很多研究均将 TFP 等同于技术进步（鲁晓东和连玉君，2012），这是建立在生产活动具有完全技术效率的隐含假设之上的（胡汉辉，1998），即生产活动总能在生产前沿面上进行。

而事实上，TFP 作为"索洛黑箱"（Black Box），涵盖了许多技术进步之外的内容，如资源配置效率、管理水平（Kendrick，1961）、规模经济、产业结构、政策法律（Kumbhakar and Lovell，2000）等，Farrell（1957）将这些部分合称为技术效率，从而 TFP 可由技术进步和技术效率来解释（见图 2 - 1）。

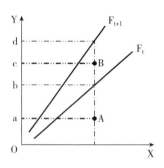

图 2 - 1　Farrell TFP 的组成部分分析

资料来源：笔者根据 Farrell（1957）、董莹（2016）、白俊红和王林东（2016）等的研究成果整理
而成。

根据 Farrell 的观点，当生产状态由 t 时期的 A 点转移到 t + 1 时期的 B 点时，
生产活动的 TFP 变动（tfp）可表示成如式（2 - 2）所示形式：

$$\text{tfp} = \frac{\text{oa}/\text{ob}}{\text{oc}/\text{od}} \times \frac{\text{od}}{\text{ob}} \qquad (2-2)$$

其中，$\frac{(\text{oa}/\text{ob})}{(\text{oc}/\text{od})}$ 为生产状态从 A 点转移到 B 点时，两点相对于前沿面 F_t 和
F_{t+1} 的技术效率的比值，代表技术效率的改善情况，而（od/ob）为两个前沿面
的投入要素组合 X 时不同前沿面的比值，代表技术进步情况。考虑到不同生产状
态下要素组合可能发生变化，因而 A 点和 B 点未必在同一条垂线上，通过对分
别按前沿面 F_t 和 F_{t+1} 计算得出的 TFP 变动（tfp）取几何平均值的方式进行加权。

结合经济活动实际，TFP 除反映技术进步之外，还反映企业的管理模式、资
源配置效率及规模效率等，因而除技术进步之外，管理创新、制度环境、专业化
等也被认为是 TFP 的重要来源（周鹏和曹立，2012），当然，也有研究者持不同
的态度，如 Jorgenson 和 Griliches（1967）在实证分析的基础上，认为由于研究方
法存在不足，测得的 TFP 主要来自单要素增长的测量误差。

三、溢出效应的概念

溢出（Spillover）最直接的含义是液体充满容器而外溢，马歇尔最早将溢出
引入经济学领域，Baumol（1952）将企业生产经营活动带来的外部性称为溢出，

当溢出发生时必然对外部主体带来影响，即产生了溢出效应（Grossman and Helpman，1991）。广义而言，溢出效应不仅局限于经济增长方面，经济主体进行经济活动时对周边主体福利产生外部性却未因此支付成本或得到报酬均属于经济学范畴中的溢出效应（萨缪尔森，1992），高新才和白丽飞（2013）将溢出效应归纳为环境污染溢出效应、知识技术溢出效应和区域经济增长溢出效应三大类。当然，溢出效应有多种归类方式，可按照不同的方式（如传导机制、渠道结构、空间维度等）进行划分。现实经济系统中，溢出并不局限于某种特定的溢出类型，而是多种类型溢出的综合（Catherine and Morrison Paul，2002）。此外，根据新经济地理学理论，溢出过程往往有着显著的空间作用，此时溢出效应也称为空间溢出效应（曹洪华，2013）。

四、本书研究范畴的界定

本书研究财税激励对企业 TFP 的影响，从研究主体、客体、内容和方法等方面界定其研究范畴。

财税激励对企业 TFP 的影响，其研究主体主要包括中央和地方政府财税政策制定和实施者、接受财税政策支持的企业及相关企业两大类，当然其研究主体并不局限于此。相应地，本书的研究客体包括财税激励、企业 TFP 及两者之间的作用机制、作用路径、直接效应、空间溢出效应等，其中财税激励主要涉及财政补贴、税收优惠、低息贷款以及与此密切相关的政府补助，这是由于财政补贴与政府补助的概念在很大程度上具有重叠性，以往很多研究也并未进行严格的区分。《企业会计准则第 16 号——政府补助》（财政部财会〔2006〕3 号）（以下简称《准则》）对政府补助进行了规范，将政府补助分为与资产相关和与收益相关两大类（肖振东，2006），主要包含财政拨款、税收返还、财政贴息等类型（臧志彭，2015；程琳，2015），但不包括政府投资、政府采购、增值税出口退税等。此外，本书的财税激励更倾向于注重其作为产业政策的财税性工具属性，也可视为狭义的产业政策，即林毅夫、张维迎争论的选择性产业政策。事实上，大多数产业政策实证研究也是以财政补贴、税收优惠等作为核心变量的，且早在 2000年，中国社会科学院赵英教授在其著作《中国产业政策实证分析》中已经将财税政策和能源、交通、汽车、机械、电子、钢铁等产业政策并列作为产业政策类别开展研究。企业 TFP 作为研究客体则关注其来源、影响因素及财税激励的作用机制、路径，尤其是财税激励对它的直接效应及溢出效应，这也是文章研究的重要内容。从研究方法来看，除采用归纳法和演绎推理法分析财税激励影响企业 TFP 的机制和路径、采用两步法 GMM 检验财税激励对企业 TFP 的影响之外，还尝试构建企业层面空间权重矩阵，利用空间杜宾模型，对分产业样本中，财税激励对企业 TFP 的直接效应和空间溢出效应进行分析，这也是文章的创新点之一。

第二节　TFP

一、TFP 的作用

TFP 作为生产函数中各要素的综合生产率具有不可替代的贡献（贺力，2008），对当前探索经济增长的源泉，实现动力转换具有重要作用，同时 TFP 也是解释不同国家和地区间经济增长差距的关键因素。

TFP 提出的重要初衷即解释各要素对经济增长的贡献（蒋晶晶和冯邦彦，2011），基于新古典分析框架，Solow（1957）通过对 1909～1949 年美国经济增长率的核算后发现，"索洛残值"可解释美国当时经济增长的 80% 以上，这被认为是投入要素同质性假设和投入要素增长率被低估的结果，Denison（1974）基于投入要素异质性假设，对 1929～1948 年美国经济增长率进行核算，结果得出 54.9% 的 TFP 经济增长率贡献率，但由于投入要素计量误差的客观存在，这一结果仍可能是被高估的（Jorgenson and Griliches，1967；吴先华等，2011），且存在内部不一致性，通过修正并对多个国家进行测算后发现，TFP 经济增长率贡献率为 40%～50%，其中 1960～1989 年德国、日本约为 57.6% 和 49.8%。

许多研究者关注以中国为代表的"东亚奇迹"，研究者试图用高 TFP 增长对经济增长的贡献对其进行解释，而 Young（2003）和 Woo（1998）测算的结果仅为 23% 和 12.9%，Krugman（1994）甚至认为在创造"东亚奇迹"的东亚经济增长模式中，TFP 的贡献并不显著。

随着以劳动力、物质资本等为代表的要素禀赋对国家和地区之间经济增长差距的影响的日益减弱，继 TFP 的经济增长贡献研究之后，围绕 TFP 能否解释不同国家和地区之间经济增长差距，学者们也开展了一系列研究。一般认为，劳动力、物质资本和 TFP 共同影响经济增长差距（Dougherty and Jorgenson，1996），

Easterly and Levine（2001）基于经济增长简单事实的经验分析，提出 TFP 而非要素积累可解释各国收入和增长差距的绝大部分。

以上是国外的相关研究，纵观国内现有的文献，国内研究者就 TFP 经济增长率贡献率也未取得一致的结论，在分析过程中重视 TFP 解构分析，缺乏影响因素实证研究的成果，而关于投入要素和 TFP 中，何种因素解释收入和增长差距的研究结论也因研究期、研究区域、研究对象不同存在一定的差异。

近年来鲁晓东和连玉君（2012）、余泳泽（2017）等在 TFP 测算、影响因素、空间差异及收敛性等方面也开展了大量的研究，其中 TFP 测算是其他各方面的基础和前提。

二、TFP 测算方法

参考余泳泽（2017）、郝荣（2017）等的归类方式，将索洛残值法、增长核算法、随机前沿分析法、确定性前沿分析法等涉及设置和使用生产函数的测算方法统称为参数法（见图 2 - 2）。

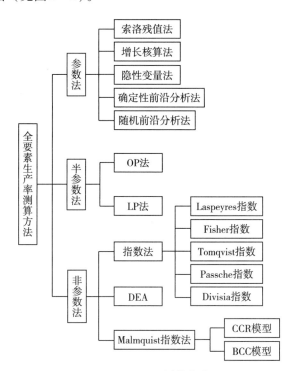

图 2 - 2　TFP 测算方法

资料来源：笔者根据余泳泽（2017）、郝荣（2017）、苏洪（2015）等的研究成果整理而成。

1. 参数法

关于 TFP 早期的研究主要关注采用何种生产函数提高测算精度，以 Solow（1957）为代表的研究者采用以 C－D 函数为代表的新古典生产函数测算"索洛残值"，"索洛残值法"将总产出视为劳动和资本的函数，通过经验估计法、计量经济法或收入份额法确定劳动和资本的产出弹性，而不需要具体的函数形式，具有简便、直观、普适性等特点，但同时"索洛残值法"建立的规模报酬不变、希克斯中性、技术外生性等假设过于理想化（郑玉歆，2007），且因包含了过多狭义技术进步以外的因素而被过度高估，Denison（1962）在 Solow 研究的基础上形成了 TFP 增长核算法，但其方法仍受到批评，Jorgenson 和 Jriliches（1967）重新测定资本投入，通过细分投入要素的数量和质量从 TFP 中分离出部分要素投入贡献，并尝试基于 TL 生产函数、TP 生产函数测算 TFP，增长核算法具有特定的生产函数，适合多种数据类型且可用于经济增长核算和预测，但和索洛残值法一样因建立在完全技术效率假设之上，从而无法进行有效的 TFP 分解。针对这一问题，Farrell（1957）提出前沿生产函数和前沿面的概念，将经济增长的来源分为要素投入和生产率提升两部分，后者包括技术效率（TE）及配置效率（AE）。在此基础上，Aigner 等（1977）提出随机前沿分析法（SFA），为估计随机前沿生产函数，进而为测算技术效率提供理论依据（苏小姗，2012）。一般可构建如式（2－3）所示对数形式随机前沿生产函数：

$$\ln y_{kt} = \ln q(x_{kt}, t) + r_{kt} \qquad (2-3)$$

其中，y_{kt}、$q(\cdot)$、x_{kt} 分别为 t 时期 k 产业实际产出、前沿产出和投入集，r_{kt} 为复合扰动项，且有：

$$r_{kt} = \varepsilon_{kt} - e_{kt} \qquad (2-4)$$

其中，ε_{it} 为随机扰动项，有 $\varepsilon_{kt} \sim (0, \sigma_\varepsilon^2)$，$e_{kt}$ 为技术非效率，假定服从截尾正态分布，有 $e_{kt} \sim (e, \sigma_e^2)$。

技术效率可采用式（2－5）表达：

$$TE_{kt} = E[q(x_{kt})\exp r_{kt}] / E[q(x_{kt})\exp r_{kt} | e_{kt} = 0] \qquad (2-5)$$

估计出待估系数和技术效率后与技术进步加总，得出 TFP（Kumb Hakar and Lovell，2000）。

随机前沿分析法测算 TFP 具有明确的经济理论基础，同时受到要素替代弹性、技术进步、样本随机误差等限制，为克服采用 C－D 生产函数本身因不考虑要素替代弹性及技术进步变动带来的估计偏误，通常采用超越对数生产函数进行

参数估计,其模型形式如式(2-6)所示:

$$\ln y_{kt} = \alpha_0 + \sum_l \alpha_l \ln q(x_{lkt}) + \frac{1}{2} \sum_l \sum_m \alpha_{lm} \ln q(x_{lkt}) \ln q(x_{mkt}) + r_{kt} \qquad (2-6)$$

此外,还有采用确定性前沿分析法和隐性变量法的研究,前者与随机前沿分析法相比不利于消除随机因素的影响,也有采用 OLS、GMM、2SLS 等计量方法的研究。

2. 非参数法

参考余泳泽(2017)、郝荣(2017)等的归类方式,将 TFP 估计中的指数法、数据包络分析法(DEA)和非参数曼奎斯特指数法等归为非参数法(王哲等,2017)。指数法是直接将经济系统中生产主体多投入多产出指数进行综合的指数,其中 Laspeyres 指数应用最早,Fisher 指数和 Tomqvist 指数最常用,此外还有 Passche 指数、Divisia 指数等,这些指数的作用是为了得到如式(2-7)所示 TFP 指数中综合的产出和投入:

$$tfp_{bt} = \frac{y_{bt}}{x_{bt}} \qquad (2-7)$$

其中,tfp_{bt} 为 TFP 指数,y_{bt} 为 t 时期产出与 b 时期(基期)产出之比,x_{bt} 为 t 时期投入与 b 时期(基期)投入的比。

从各指数关系和优越性情况来看,Laspeyres 指数和 Passche 指数分别表示的是按基期价格和当期价格计算的产出或投入数量,其几何平均即为 Fisher 指数,显然 Fisher 指数的理论性及统计性质较前两个指数更佳(Fisher,1922)。Tomqvist 指数采用如式(2-8)所示对数形式对个体的产出或投入数量进行加权几何平均(王飒飒,2009)。

$$\ln Q_{bt} = \sum_{k=1}^{n} \left(\frac{v_{ib} + v_{it}}{2} \right) \ln \frac{q_{it}}{q_{ib}} \qquad (2-8)$$

其中,q_{it}(q_{ib})为 i 物品 t 时期(b 时期)的数量,v_{it}(v_{ib})为 i 物品 t 时期(b 时期)的价值份额。

从式(2-8)来看,Tomqvist 指数可采用离散数据进行 TFP 指数计算,相比之下,Laspeyres 指数不适合离散数据,也不适合连续数据。正是由于受数据所限,且无法进行 TFP 分解,以上指数在计量分析中应用较少,很快为数据包络分析法(DEA)和非参数曼奎斯特指数法所替代(苏均和和刘飞,2011)。

数据包络分析法(DEA)是 Charnes 等(1978)提出的线性规划法,假定规模收益不变（CRS），Charnes 等建立如式（2-9）所示线性规划方程（即 CCR 模型）评价决策单元的技术效率（张熠和王先甲，2011）：

$$\min_{\theta,\lambda}\theta$$

$$s.\,t.\begin{cases}\theta x_i - \sum \lambda_j x_{ij} \geq 0 \\ \sum \lambda_j y_{rj} - y_r \geq 0 \\ \lambda \geq 0\end{cases} \tag{2-9}$$

其中，x_{ij} 和 y_{rj} 分别为第 j 个决策单元第 i 投入和第 r 项产出，θ 为决策单元的效率值。

DEA 不拘泥于具体的前沿函数形式和主观权重假设，受样本影响较小，可全面进行效率估计，但也因忽略价格和测量误差等存在一定的估计偏差，而当样本为面板数据时，常采用非参数曼奎斯特指数法进行 TFP 评价。该方法由 Malmquist（1953）提出，Fare 等（1992）将 DEA 和 Malmquist 指数相结合，使之得到了广泛的应用。非参数曼奎斯特指数法还具有无须设定生产行为假设、价格信息的优势，非参数曼奎斯特指数法分解得出的技术进步和技术效率（Fare et al.，1994；曹晶晶，2014），也正是本书分析 TFP 来源所需要的。

3. 半参数法

基于企业层面，还有一类主要建立企业产出与其影响因素之间关系的分析方法，这类方法通过同时建立参数及非参数关系并引入生产函数中，解决宏观计量方法无法克服的因企业要素投入决策时带来的同时性偏误（Simultaneous Bias）和选择性偏误（Selection Bias），主要包括 OP 方法、LP 方法等（王亚星和李敏瑞，2015）。

从微观企业层面来说，企业投入要素开展生产的是决策者根据预期、市场状况、企业自身实际等进行决策的结果，且具有非随机性。当一项生产率扰动被决策者预期对企业生产率具有正向作用时，易于形成增加要素投入的决策结果，而当一项生产率扰动被决策者预期对企业生产率具有负向作用时，自身情况（如资本存量、所有制属性、技术水平）不同的企业，其决策可能存在较大的系统性差异，如资本存量高的企业沉没成本大，往往不会轻易选择减少投入或者退出市场，国有企业受制度约束，选择继续留在市场的概率可能高于非国有企业。这些情况下，要素投入并非随机变量，与误差项具有相关性，此时直接采用 OLS 进行 TFP 估计将产生偏误。

Olley 和 Pakes（1996）采用投资代替不可察觉的 TFP，对 OLS 回归进行修正，形成 OL 方法，该方法假定投资函数为单调递增函数，同时需要设置退出变量，Levinsohn 和 Petrin（2003）假定 TFP 服从一阶马尔可夫链过程，中间投入是企业 TFP 的单调递增函数，且有：

$$m_{it} = m_{it}(tfp_{it}, k_{it}) \qquad\qquad (2-10)$$

并从理论上论证通过两阶段回归得出了 β_m、β_k、β_l 的一致估计，采用中间投入作为代理变量在理论上更具有优势（李娟，2011）。

因而，参照 LP 方法建立如式（2-1）所示测算模型：

$$
\begin{aligned}
y_{it} &= tfp_{it}(m_{it}, k_{it}) + \alpha_{it} + \beta_m m_{it} + \beta_k k_{it} + \beta_l l_{it} + \eta_{it} \\
&= \beta_{it} + \Psi_{it}(m_{it}, k_{it}) + \beta_l l_{it} + \eta_{it}
\end{aligned} \qquad (2-11)
$$

其中，劳动为自由变量。

近年来，一些作者采用 OP 方法和 LP 方法解决同时性偏误和选择性偏误，也有研究者将 OP 方法、LP 方法与 OLS、FE 等参数回归方法的 TFP 测算结果进行比较，结果表明，OP 方法、LP 方法具有较好的效果（鲁晓东和连玉君，2012；李强，2016）。

三、TFP 研究述评

1. 各研究方法的优劣及适用性

从研究和理论发展脉络来看，早期的 TFP 研究主要关注采用何种生产函数提高测算精度，索洛残值法提出后，围绕理论假设、劳动和资本产出弹性估计、索洛剩余部分的内容等，研究者进行了较系统的研究，具有代表性的是 Denison（1962）及 Jorgenson 和 Jriliches（1967），前者在 Solow 研究的基础上形成了 TFP 增长核算法，该方法由于存在投入要素测量误差和遗漏变量而往往高估 TFP，也因和索洛残值法一样建立在完全技术效率假设之上而无法进行分解，但同时也具有数据类型适用性强的特点，且具有预测功能，后者通过细分投入要素的数量和质量，从 TFP 中分离出部分要素投入贡献，提高了测算的精度。索洛残值法和增长核算法均假设不存在技术效率损失，理论上限制了 TFP 的分解，而数据包络分析法（DEA）不拘泥于具体的前沿函数形式和主观权重假设，受样本影响较小，可全面进行效率估计，但也因忽略价格和测量误差等存在较大的估计偏差，相比之下，OP 方法和 LP 方法有利于解决宏观计量方法无法克服的因企业要素投入决策时带来的同时性偏误和选择性偏误（汤学良等，2015）。

2. TFP 研究的趋势及特征

第一，测算方法精确度不断提高。从 TFP 发展历程来看，从索洛残值法到超越对数生产函数、随机前沿生产函数等的引入，再到 OP 方法、LP 方法、ACF 方法等半参数法的使用（韩妍，2009），从忽略技术效率损失到 TFP 分解，再到同时性偏误、选择性偏误处理，TFP 理论很大程度上是围绕 TFP 测算发展而成的，在 TFP 理论研究中，研究者高度重视测算方法本身的精确度。在实证研究中，长期以来直接采用相应的生产函数和模型方法进行估计而不重视其优缺点和适用性的状况正在改善。因此，TFP 研究的发展，某种意义上而言就是不断追求测算方法精确度的过程。

第二，研究对象趋于微观化。从测算方法来看，最初索洛残值法和增长核算法均是宏观研究方法，初期的研究也多集中在一国特定时期内 TFP 分析上，随着 SFA、DEA 和非参数曼奎斯特指数法等方法的引入，产生了大量的分省份、分板块的研究成果，这些方法也适用于微观层面的企业。而 OP 方法、LP 方法、ACF 法等则主要适用于微观主体，采用这些方法，国内外也产生了不少基于微观层面研究成果。

第三，研究结论仍较分散。无论 TFP 测算、分解，还是对经济增长的贡献或与其他变量之间的关系，TFP 研究结果因国家、区域、产业、时段等的不同，可能得出不同的估计结果。此外，基于不同的研究视角、方法、数据，乃至不同的学者，得出的研究结论也并不一致。

第三节　溢出效应

一、溢出效应的分类

前文中对溢出效应的概念进行了界定，并且归纳了研究者关注的主要溢出效应类型。当然系统而言，溢出效应的类型归类需要依据特定的归类方式，如意愿、方向、尺度、机制、途径等。

1. 按溢出意愿分类

按照溢出意愿可将溢出效应分为自愿溢出效应和非自愿溢出效应（何嫄等，

2011）。自愿溢出效应是经济主体通过信息发布、知识共享、技术交流、技术合作等方式主动向竞合网络成员、纯粹合作网络成员乃至外界形成的溢出效应（Tesoriere，2008），相比之下，非自愿溢出效应则是偶然的、无意识的、不可控的溢出，也可能是由于外界非正常吸收能力（如逆向工程或技术窃取等）造成的"过度溢出"。卢福财和胡平波（2009）按照知识学习主体之间的关系，将企业之间的竞争与合作关系分为竞争关系、合作关系、竞合关系三大类，分析了不同竞合关系和组织形态下自愿溢出效应的情况。

2. 按溢出方向分类

按照溢出方向分类，溢出效应有单向溢出效应、双向溢出效应和网状溢出效应之分，单向溢出效应可表现为一个国家、区域、行业、企业对另一个国家、区域、行业、企业的溢出，也可表现为产业链中上游企业对下游企业，或者下游企业对上游企业的溢出（白让让和李会，2014），当然现实中这些主体之间的溢出更多地表现为双向或网状溢出（杨朝均，2013）。此外，也有研究者按照溢出方向将溢出效应归为水平溢出效应和垂直溢出效应（王琳，2012），前者主要表现为知识、技术等通过示范效应（Demonstration Effect）、学习效应（Learning Effect）、竞争效应（Competition Effect）等对行业中内资企业的影响，后者则表现为外资企业对上下游企业的影响（何嫄等，2011）。

3. 按溢出尺度分类

溢出效应的空间尺度有国家尺度、省级尺度、市级尺度等，其中现有的研究以省级尺度为主（潘文卿，2012），少有区县级乃至企业级尺度。尽管大尺度研究有利于分析空间结构的特征，但大空间尺度下的空间溢出效应机制并不清晰（周文通和孙铁山，2016），尺度方差是识别适宜尺度的常用指标，有研究者建议细化空间结构研究尺度（李小建和樊新生，2006）。

孙瑜康等（2017）选择乡镇街道级空间尺度，基于中国专利数据库北京市各街道2011～2013年专利数据开展投入产出分析。窦雪霞等（2009）将空间尺度归纳为国家层面、省际层面、行业层面和企业层面四大类，利用SAC模型分别检验技术创新的空间溢出效应，结果支持创新在省际层面、行业层面和企业层面均具有溢出效应，但不同尺度溢出效应的内在机制存在一定差异（祝波和董有德，2006）。此外，还有其他的归类方式，如传导机制（Blomström and Kokko，1998）、传导路径等（俞路，2015）。

二、研发溢出效应

1. 研发溢出效应的概念及影响

研发活动对企业生存发展乃至一国经济增长具有重要作用，熊彼特早在1942年就将创新作为技术进步和经济发展的本质规定，并从机制上明确了研发推动创新进而促进技术进步和经济发展的"创造性毁灭"过程。而在这一过程中，信息、知识、技术等往往难以精确区分、定义并通过法律和技术手段完全商品化和排他化，且在信息、知识、技术等的运用过程中，难以保证不产生外部性（Arrow，1962），这种外部性即研发溢出效应，表现为知识溢出效应和租金溢出效应，或称之为纯溢出效应和价格溢出效应（Griliches，1979；王立平，2008），两者具有不同的成因和作用渠道，纯溢出效应主要由于知识信息，尤其是显性知识信息的易复制性和可学习性，当难以进行商品化和保护时容易通过技术交流、合作创新、科技杂志、逆向工程等方式主动或被动形成溢出（李莹莹，2007），当然，固化在大脑中的隐性知识也可能随着隐性知识信息持有者的流动而发生溢出，价格溢出效应主要是由作为研发活动产出的知识商品在经济交易活动中给需求方带来的消费者剩余形成的，主要通过国际贸易、FDI、技术引进、上下游关系等渠道产生溢出，林高榜和曹昢（2011）则将研发溢出渠道归为FDI、技术引进和进口贸易。研发溢出效应在特定的情境下对后发国家和组织实现赶超具有积极的作用，但也可能使之形成依赖，而对溢出一方而言，研发溢出效应作为外部性不能为其带来报酬，从而使其减少研发产量，不利于技术进步和经济发展。

2. 研发溢出效应相关研究

纵观研发溢出效应研究成果，产业间研发溢出效应、空间研发溢出效应以及研发溢出对企业经济增长等的影响是研发溢出效应研究的主要方面（韩颖等，2007）。

产业层面研发溢出效应主要表现为产业内企业之间新技术、新知识溢出以及研发产出对进口贸易国、技术引进方及下游企业的影响（郑德渊和李湛，2002）。

Ruff（1969）探讨了古诺模型条件下不同数量企业研发与企业技术进步之间的关系。

Berstein 和 Nadiri（1991）以美国高新技术产业为例，分析研发溢出对企业TFP的影响，产出及外生技术进步、技术距离法被应用到相关研究中。

一国或组织的技术创新水平及生产率水平既与自身的研发能力有关，也与国家或组织之间的研发溢出有关，其重要性在大量的研究中得到了证实，在特定情境下甚至较自身研发见效更快、效果更显著，研究者主要关注国际研发溢出。在进口贸易、FDI、OFDI 等国际研发溢出途径中，进口贸易的溢出效应最大（郭庆宾和傅东平，2011），也是 TFP 增长的主要来源。从实证研究成果来看，相关研究主要集中在国外研发资本存量测算、溢出效应影响因素及溢出效果等方面，郭庆宾和张本金（2010）系统地对各种途径下国际研发溢出效果进行了综述。

新增长理论将研发作为促进技术进步的关键因素，一国或组织可利用研发溢出效应加快外部信息、知识与内部信息、知识的整合，进而产生新知识、新产品、新技术，提高 TFP，Coe 和 Helpman（1995）的研究表明，国外研发溢出对一国 TFP 具有积极影响，在此基础上，研究者们按贸易商品的结构、类型和所处生产过程等进行了进一步的探究。

此外，研发溢出效应测度也是研发溢出研究的重要内容，王林和张增强（2013）系统地归纳了基于双边贸易额、专利信息及技术相似度等国际研发溢出效应测度方法。

在我国，研究者也开展了积极的研究，以"R&D 溢出"作为关键词，通过中国知网期刊全文库检索得到 108 篇学术期刊文献，利用邻近节点关系分析得到 R&D 溢出关键词聚类知识图谱（见图 2－3）。

根据 R&D 溢出关键词聚类知识图谱，国内相关研究主要集中在技术进步、技术溢出、进口贸易、技术效率、经济增长、生产率增长（提高）、TFP、FDI 等方面。

三、技术溢出及空间规律

1. 技术溢出的概念及关联范畴

很多研究者将技术溢出（Technology Spillover）作为外部性来看待，从而将技术溢出划入外部性范畴，早期也有研究者采用外部性对技术溢出进行诠释，将技术溢出诠释为技术发明、技术创新成果对其他企业、部门产生的正外部性（Arrow，1962）。同一时期，MacDougall（1960）在分析澳大利亚海外私人投资对东道国收益、劳动力流动等影响时提出了技术溢出的概念，技术溢出通常使东道国受益，是一种特定的知识扩散状态。从已有的文献来看，研究者对技术溢出概念的界定往往与跨国公司、FDI 等密切相关（Caves，1974），且技术本身也是知识的重要表现形式，很多研究将技术溢出与技术转移、知识溢出、R&D 溢出

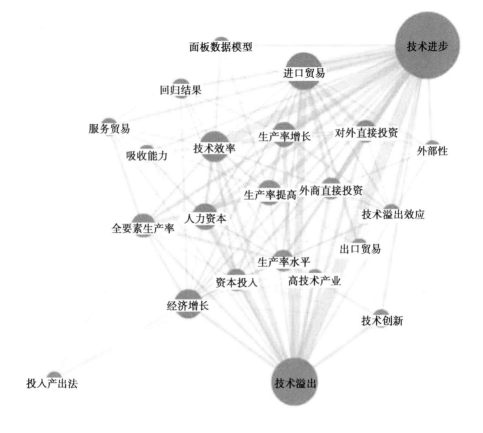

图 2 - 3   国内 R&D 溢出关键词聚类知识图谱

资料来源：由笔者根据 CNKI 所选文献计量生成。

大体等同，这增加了概念界定的难度，有研究者从技术溢出的特性、渠道等方面明确了技术溢出与其他指标，如技术转移的概念差异，也有研究者从"溢出"是否非负、是否获得报酬与外部性进行区分，利用是否具有目的性、预期性对技术溢出和技术、专业等概念进行区分。

综合现有的研究成果，将技术溢出效应界定为一国或组织在获得了自身目标结果的同时，通过专利合作、专利使用、人才流动、信息发布等溢出渠道，产生非预期性的技术流动，自身无法获得相应收益，但促进了其他国家或组织 TFP 的提升。

2. 技术溢出研究现状

结合国外研究成果，从研究对象、理论模型、影响因素、溢出渠道等方面归纳技术溢出的研究内容。在研究对象方面，围绕跨国公司、FDI、进口贸易、OF-DI 等研究对象形成了大量的研究成果。在技术相差悬殊的国家，跨国公司 FDI 越大越具有溢出效应（Findlay，1978），对技术进步的作用甚至高于本国投资，Kokko 等（1996）对乌拉圭的实证研究也支持这一观点，而反对者多利用 FDI 挤出效应、竞争效应分析溢出效应不显著的原因（Aitken and Harrison，1999；张中元和赵国庆，2012）。Feder（1982）基于两部门交叉解释模型，利用交叉项论证了样本国家 1964～1973 年出口贸易的技术溢出效应，Sorin（2010）对转型国家进口贸易的实证支持这一观点，而转型国家的技术模仿成为其中重要的决定性因素。相比之下，学术界对 OFDI 的重视不足，目前关于 OFDI 的逆向技术溢出效应的观点并不统一，形成了截然相反的观点（Christensen and Snyder，1997）。在理论模型方面，技术溢出和 R&D 溢出、知识溢出有很多共同的理论基础，如知识生产函数、地理距离、技术距离等。Grilliches（1979）较早采用研发资本存量衡量知识存量 I_t，构建如式（2－2）所示知识生产函数：

$$I_t = \Phi(\sum_{i=0}^{t} \lambda_i R_{t-i}, e_t) \tag{2－12}$$

其中，R_{t-i} 和 e_t 为第 t 年的研发支出和其他影响知识存量的变量，λ_i 为第 t－i 年研发支出对当前知识存量的贡献率。

在 Grilliches（1979）研究的基础上，Romer（1990）构建了一个包含独立研发部门的经济系统，研发部门利用知识存量生产新的知识：

$$dI_t = BA_t^\theta (a_L L_t)^\alpha (a_K K_t)^\beta \tag{2－13}$$

其中，B 为转移参数，有 B＞0，a_L 和 a_K 为研发部门占用的劳动和资本比例。

此外，Arrow（1962）也在"干中学"模型中构建知识函数。这些研究构成了技术溢出的理论基础，Feder（1982）的研究也为 Coe 和 Helpman（1995）构建技术溢出模型提供了思路，进而 Keller（2002）引入地理距离构建模型，分析随地理距离变化时商品贸易中研发资本存量对进口国技术进步（用 TFP 作为代理变量）的作用及变化情况，空间计量方法在技术溢出研究中得到了应用。

在影响因素方面，基础设施、对外开放度、政策制度、市场结构等均可能在一定程度上影响技术溢出的效果。交通通信等基础设施的日益完善普遍被认为在提升区域 TFP 的同时，促进了技术交流与扩散（Cohen and Paul，2004），但也可能同时对邻近区域形成"虹吸效应"或"挤出效应"，不利于其技术进步和 TFP

的提升。对外开放也被认为对技术溢出具有重要影响，多数研究支持 FDI、进出口贸易具有正向溢出效应（尤其是对发达国家和地区），但模型、方法、数据等的不同使其结论存在一定差异，且可能对知识产权保护、人力资本、基础设施等有门槛要求。而关于市场结构对技术溢出影响的研究主要集中在企业规模、市场势力等方面，市场势力越小、企业规模越小，技术溢出效应越大，但关于技术溢出的形式，MAR 地方化溢出与 JP 城市化溢出之间存在争议。在溢出渠道方面，许多研究者关注技术溢出的渠道，基本可将其归纳为物化渠道和非物化渠道，前者包括 FDI、进出口贸易等，后者则包括劳动力流动、知识扩散、信息交流等，且"互联网＋"、区块链等信息技术的大量涌现和应用，可能发挥更大技术溢出促进作用。此外，在现有的研究中也有关于溢出机制的成果，其内容是基本一致的。在前人研究的基础上，结合本书的研究对象，主要考察财税激励产生的技术溢出效应，将示范效应、竞争效应和挤出效应作为其主要溢出机制。

为了明确国内技术溢出的研究现状，借助 CiteSpace 文献计量工具，对 CNKI 学术期刊库截至 2018 年 3 月 16 日，以"技术溢出"为篇名的 654 篇 CSSCI 刊源文献，进行关键词词频分析和 LLR 聚类分析。

综合词频统计情况，外商直接投资（FDI）、逆向技术溢出、溢出效应、全要素生产率（TFP）、吸收能力等方面的关键词出现频次较高，表 2-1 给出了相应关键词词频、中心度等情况。

表 2-1 技术溢出研究关键词词频统计

序号	词频	中心度	年份	关键词	序号	词频	中心度	年份	关键词
1	301	0.48	2003	技术溢出	11	27	0.07	2003	溢出效应
2	83	0.15	2006	外商直接投资	12	26	0.08	2003	跨国公司
3	79	0.32	2004	FDI	13	23	0.08	2012	OFDI
4	75	0.09	2010	逆向技术溢出	14	22	0.17	2009	FDI 技术溢出
5	63	0.12	2006	技术溢出效应	15	22	0.27	2009	门槛效应
6	62	0.14	2008	对外直接投资	16	21	0.03	2007	技术创新
7	54	0.18	2006	全要素生产率	17	19	0.13	2007	影响因素
8	51	0.11	2007	吸收能力	18	17	0.02	2010	国际技术溢出
9	45	0.23	2004	技术进步	19	17	0.12	2009	技术差距
10	31	0.22	2006	人力资本	20	16	0.03	2006	进口贸易

资料来源：由笔者分析并整理而成。

结合关键词 LLR 聚类知识图谱来分析技术溢出的主要研究内容（见图 2 -
4），根据分析结果，聚类知识图谱的网络模块化程度 Q 值为 0.416，表明网络聚
类较好，平均轮廓值为 0.701，表明聚类内部同质性较高①。

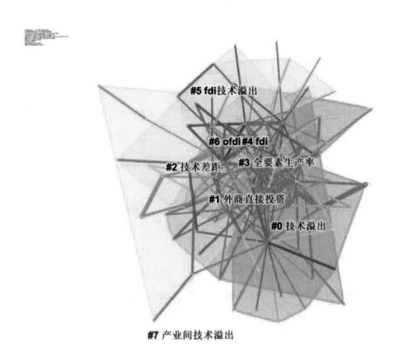

图 2 - 4　技术溢出研究 LLR 关键词聚类知识图谱（threshold = 25）

资料来源：由笔者采用 CiteSpace 文献计量工具生成。

从图 2 - 4 列出的各 LLR 聚类子簇来看，外商直接投资、技术差距、TFP、
FDI 技术溢出、OFDI、产业间技术溢出等，构成了国内技术溢出的主要内容，而
表 2 - 2 同时给出了各 LLR 聚类子簇的主要关键词。

表 2 - 2　技术溢出研究关键词聚类

序号	词频	中心度	年份	关键词	序号	词频	中心度	年份	关键词
1	67	0.981	2010	技术溢出、制度环境、价值链	11	14	0.883	2008	技术创新、专利引用、技术流矩阵

---

① 为简便起见，后文中主要报告相关研究的现状，不再报告类似的文献知识图谱自身的参数。

序号	词频	中心度	年份	关键词	序号	词频	中心度	年份	关键词
2	49	0.87	2011	外商直接投资、技术溢出效应、制造业	12	7	1	2017	产业间技术溢出、面板数据模型、融资约束
3	40	0.837	2012	门槛效应、对外直接投资、人力资本	13	4	0.985	2003	GTAP模型、要素偏向性技术进步、技术溢出
4	35	0.788	2008	吸收能力、高技术产业、研发强度	14	4	1	2017	工业行业、核心—边缘结构、R&D技术溢出
5	27	0.932	2007	溢出效应、跨国公司、外商直接投资	15	4	1	2017	双寡头市场、政府补贴、减排投入
6	23	0.777	2009	FDI、知识产权保护、创新能力	16	4	1	2007	本土企业创新动力、主企业领导型分工网络、多维技术溢出效应
7	23	0.931	2011	全要素生产率、对外直接投资、资源诅咒	17	4	0.998	2017	正区域旅游业、增长趋同、GWR模型
8	17	0.905	2014	FDI技术溢出、自主研发、环境规制	18	3	1	2008	外资技术溢出、R&D吸收能力、市场化进程
9	16	0.913	2013	OFDI、逆向技术溢出、提升方略	19	3	1	2010	混合寡头、部分私有化、纳什均衡
10	14	0.839	2006	技术外溢、内资企业、人力资源	20	3	1	2017	经济交流、跨国技术溢出、民族异质性

资料来源：由笔者分析并整理而成。

3. 技术溢出的空间规律

一般而言，新经济地理学（NEG）研究认为，技术溢出过程往往具有显著的空间特征（滕丽，2005；朱晶忻，2009）。空间尺度是分析技术溢出效应的重要维度，在空间尺度上，国家尺度、省级尺度、市级尺度等不同的尺度适宜度不同，基于不同尺度的溢出效应也可能存在差异，前者有利于分析空间结构的特征，后者则有利于深入分析空间溢出效应的机制，不同尺度内在机制的不同是形成这种差异的重要原因。

空间距离，尤其是技术距离也是分析技术溢出空间规律的重要依据。尽管交通设施的日益完善降低了运输成本，通信设施，尤其是 ICT、"互联网＋"等也在逐步改变传统的信息交流模式，但不可否认的是，面对面地沟通仍然是信息交流的最重要渠道，从而技术溢出仍然符合地理学第一定律（Tobler's First Law）。相比之下，技术距离形成的"势差"越大越不利于东道国的模仿和技术吸收（Girma，2005）。

四、溢出效应研究述评

溢出效应作为经济主体进行经济活动时对周边主体福利产生影响却未因此支付成本或得到报酬的一种外部性，有很多种类型及划分方式，且在现实经济系统中并不局限于某种特定的溢出类型，而是知识、研发、技术、经济溢出等多种类型溢出的综合，但研究者多关注技术溢出效应。围绕跨国公司、进口贸易、OFDI 等研究对象形成了大量的研究成果，知识生产函数、地理距离、技术距离等是早期技术溢出研究的重要理论内容，溢出的影响因素（如基础设施、对外开放度、政策制度、市场结构等）、渠道及机制也是技术溢出研究的重要内容。在溢出渠道方面，许多研究者关注技术溢出的渠道，可将其归纳为物化渠道和非物化渠道，在现有的研究中也有关于溢出机制的成果，其中多数研究利用示范效应和关联效应考察技术溢出的机制。

第四节 吸收能力

从供给侧而言，溢出的提供方通过示范效应、竞争效应和挤出效应等多种溢出机制产生特定的溢出效应，但溢出效应最终能否被有效消化、吸收和利用则与溢出接受方的吸收能力密切相关，大量的研究表明，吸收能力不足是制约最终溢出效果的重要因素。通过对 Cohen 和 Levinthal（1989）、Zahra 和 George（2002）、Lane 等（2006）等吸收能力理论的梳理明确相关研究的现状，为提出本研究的吸收能力模型提供依据。

一、吸收能力的概念

吸收能力（Absorptive Capability）源自宏观经济学（Adler，1965），其概念由 Cohen 和 Levinthal（1989）提出，是指企业识别（Recognize）、吸收（Assimilate）来自企业外部的新信息，并将其应用到商业活动当中（Apply）的能力，此后，Mowery 和 Oxley（1995）、Liu 和 White（1997）、Kim（1998）、Lane 和 Lubatkin（1998）、Van den Bosch 等（1999）、Zahra 和 George（2002）、Lane 等（2006）、Todorova 和 Dursin（2007）、鞠海龙（2016）、上官绪明（2016）等研究者对吸收能力进行了界定或描述。

从以上概括来看，Cohen 和 Levinthal（1989）的研究构成了后期吸收能力概念界定的理论基础，Zahra 和 George（2002）关于潜在吸收能力和现实吸收能力的划分具有重要的实践指导意义。Lane 等（2006）在明确组织知识和学习的特点对吸收能力影响的基础上，基于 Cohen 和 Levinthal（1990）的研究成果，将吸收过程划分为若干个相互衔接的动态过程，上官绪明（2016）在对前人研究进行梳理的基础上提出吸收能力模型，分析外部知识、技术等与企业先前经验、知识、技术结合形成"潜在吸收能力"，进而进行转化、利用及二次创新的机制。

二、吸收能力的维度及测度

Cohen 和 Levinthal（1989）、Zahra 和 George（2002）等关于吸收能力概念的研究也规定了吸收能力的重要维度，Van den Bosch 等（1999）、Van Wijk 等（2001）、Mahnke Van Wijk 等（2005）、Murovec 和 Prodan（2009）等也提出了吸收能力维度的划分方式，但多数研究者认同 Zahra 和 George（2002）关于吸收能力维度的划分（见表 2 - 3）。围绕相应的维度，早期的研究者设计测量量表，采用李克特量表测量吸收能力（Lane et al.，2001；Lin et al.，2002），但多指标往往需要大量的人力物力投入，对测量问项设计具有较高要求，且研究结论难以印证，因而有研究者采用研发销售比（Tsai，2001），或者研发存量、密度作为替代变量测算吸收能力，但这些指标主要测度的是外部知识获取，而未体现吸收能力的其他维度，知识转移量（Santoro and Bierly，2004）、专利数量及引用数量（Zahra and George，2002）等多指标的引入，可有效避免单一指标造成的遗漏，但目前多维度指标选择仍具有随意性，亟待进一步完善。

表 2-3 吸收能力的概念界定

序号	作者	年份	要点
1	Cohen 和 Levinthal	1989	外部新知识的识别、消化和运用的能力，此后同时增加未来技术机会预测能力
2	Mowery 和 Oxley	1995	企业处理和调整外部隐性知识的能力，与内在人力资本有关
3	Kim	1998	企业模仿性学习和创新性学习能力
4	Lane 和 Lubatkin	1998	"学生企业"评价、消化、运用外部新知识的能力，强调"学生企业"和"教师企业"知识水平的匹配
5	Van den Bosch 等	1999	效率、范围、柔性
6	Zahra 和 George	2002	外部知识的获取、消化能力（潜在吸收能力）以及转化、运用的能力（现实吸收能力），本质为管理、流程
7	Lane 等	2006	探索性学习、企业模仿性学习、应用及再创新性学习能力
8	Todorova 和 Dursin	2007	在 Zahra 和 George（2002）的基础上强调外部知识的价值识别
9	鞠海龙	2016	与 Cohen 和 Levinthal（1990）及 Zahra 和 George（2002）类似，强调吸收能力的跨组织性
10	上官绪明	2016	外部知识的识别、获取、消化能力（潜在吸收能力）以及转化、运用和再创新的能力（现实吸收能力），与 Zahra 和 George（2002）类似

资料来源：笔者根据以上作者论文原文整理而成。

综合来看，关于吸收能力的测度目前已经形成了包含单一指标测度、多指标测度、量表测度等不同类型的测度体系，但不同的测度体系均存在一定的缺陷，且结果一致性有待提高。

三、吸收能力研究现状

为系统地分析国内外吸收能力的研究现状，采用 CiteSpace 文献计量工具，对 2018 年 3 月 19 日检索到的中国知网 451 篇篇名为"吸收能力"的经济管理类 CSSCI 刊源文献和 WOS 数据库核心合集 2010~2018 年 435 篇社会科学类文献进行关键词词频分析和共现知识图谱分析。表 2-4 列出了国内外吸收能力文献中词频最高的 20 个关键词的统计情况。

表 2-4 吸收能力研究关键词词频统计表

序号	词频	中心度	年份	CNKI 关键词	序号	词频	中心度	年份	WOS 关键词
1	337	1.56	2002	吸收能力	1	273	0.63	2011	absorptive capacity

续表

序号	词频	中心度	年份	CNKI 关键词	序号	词频	中心度	年份	WOS 关键词
2	52	0.26	2010	创新绩效	2	174	0.04	2011	innovation
3	35	0.18	2008	知识吸收能力	3	144	0.14	2011	performance
4	20	0.25	2007	技术溢出	4	100	0.12	2011	firm
5	17	0.03	2006	FDI	5	88	0.09	2011	research and development
6	16	0.07	2002	技术外溢	6	84	0.01	2011	competitive advantage
7	12	0.09	2008	技术创新	7	79	0.09	2011	perspective
8	12	0.01	2002	人力资本	8	75	0.09	2011	knowledge transfer
9	10	0.00	2011	技术吸收能力	9	74	0.09	2011	capability
10	9	0.08	2009	知识转移	10	68	0.01	2011	knowledge
11	9	0.06	2009	潜在吸收能力	11	67	0.12	2011	reconceptualization
12	8	0.00	2007	知识溢出	12	65	0.24	2011	dynamic capability
13	7	0.03	2010	经济增长	13	53	0.06	2011	technology
14	7	0.00	2007	影响因素	14	44	0.07	2012	firm performance
15	7	0.10	2009	组织学习	15	44	0.02	2011	management
16	6	0.07	2011	创新能力	16	42	0.05	2011	strategic alliance
17	6	0.04	2014	对外直接投资	17	36	0.00	2011	industry
18	6	0.00	2007	外商直接投资	18	29	0.05	2011	product development
19	6	0.01	2009	竞争优势	19	27	0.07	2011	network
20	6	0.00	2014	开放式创新	20	26	0.01	2012	knowledge management

资料来源：笔者整理而成。

从表2-4来看，同时考虑关键词词频和中心度，国内吸收能力文献中主要关键词有创新绩效、技术溢出（外溢）、知识吸收能力、知识转移、技术创新、潜在吸收能力等，而国外文献中则主要有绩效、研发、知识转移和动态能力（指吸收能力本身）。

结合表2-4和图2-5，将国内外吸收能力的主要内容归纳为潜在吸收能力及现实吸收能力、技术创新及绩效、知识转移和调节作用等几个主要方面。

四、吸收能力研究述评

根据以上分析，从吸收能力作为前因变量、调节变量和结果变量三个视角对其主要研究内容进行归纳。

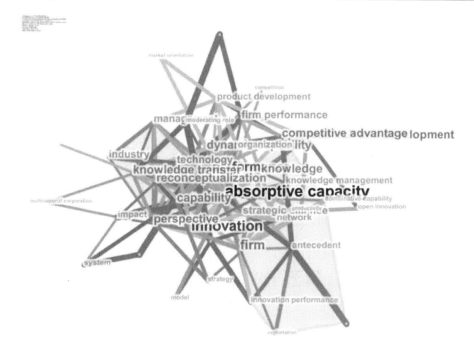

图 2 - 5 国外吸收能力研究关键词共现知识图谱（threshold = 5）

资料来源：笔者采用 CiteSpace 文献计量工具生成。

基于前因变量视角，划分为现实和潜在吸收能力（Zahra and George，2002），分析吸收能力对组织创新、组织绩效及知识转移的影响，构成了吸收能力研究的重要内容，其中对组织创新和组织绩效的促进作用早在 2001 年即被证实（Tsai，2001），Cockburn 和 Henderson（1998）也通过定性分析论证了吸收能力对组织创新能力和产品创新的促进作用，Jane 等（2001）以墨西哥跨国公司为例，检验了现实吸收能力对企业绩效的积极影响。吸收能力对知识转移的影响是贯穿知识转移全过程的，王国顺和李清（2006）构建模型分析吸收能力与跨国公司知识转移的关系，不同企业的吸收能力具有特定知识基础、资源利用机制及系统（Lane et al.，2006），邓春平和毛基业（2012）基于 33 个离岸 IT 服务外包企业供应商的问卷调查和结构方程模型进行分析，结果表明，吸收能力对显性和隐性知识转移均具有正向影响，但对后者的影响更大且更显著。

也有基于调节变量视角，分析考虑吸收能力时解释变量和被解释变量之间的关系及其变化的研究，在研发合作、知识创新、技术创新研究中，吸收能力发挥着重要的作用。邹艳和张雪花（2009）以吸收能力为调节变量构建结构方程模型，分析人力资本、组织资本、社会资本等与技术创新绩效之间的关系，进而构建多元回归模型进行估计，结果表明，吸收能力作为调节变量的回归结果为正，且作为人力资本和社会资本的调节变量时回归结果显著。

在吸收能力研究中，基于结果变量视角的研究主要分析各类因素对吸收能力的影响。Tu 等（2006）将吸收能力的影响因素归纳为先念知识、沟通网络、沟通气氛、知识扫描，也有研究者从知识基础、组织机制、多元化等方面分析各因素对吸收能力的影响，孙婧（2013）则将这些因素归纳为企业自身因素和外部因素，但总体而言，研究者对吸收能力影响因素的研究仍需进一步系统化。

第五节　政策影响

一、政策评价标准及方法

实施一项政策的影响如何，需要建立相应的评价标准，采用适当的方法进行评价，而政策的实施面临着众多的影响因素和变量，国内外关于政策评价仍未形成统一的标准。

国外开展的研究相对较多，早在 1967 年，有学者已经提出从效率、绩效及其充分性、努力程度、执行过程等方面对政策进行评价。从现有的成果来看，Hpoister（1981）将政策评价标准拓展为效率、效益、充足性、适当性、公平性和响应性（王骚，2003），威廉·N. 邓恩则认为响应性指标很难有效测算，不宜作为评价标准[1]。卡尔·帕顿和大卫·沙维奇（2003）从财经、政治、行政、技术等方面归纳政策评价的标准，用来衡量政策预期目的达成度、政策规划成本收益情况、对权利集团的影响，以及政策在特定政治、社会，尤其是行政环境下的可操作性[2]。

在国内，台湾学者林水波和张世贤（1987）在国外研究的基础上，提出包含政策效率、政策绩效等八项指标的一般性政策评价标准，也有研究者系统地归纳

---

[1] ［美］威廉·N. 邓恩. 公共政策分析导论（第二版）［M］. 北京：中国人民大学出版社，2002.

[2] ［美］卡尔·帕顿，大卫·沙维奇. 政策分析和规划的初步方法［M］. 北京：华夏出版社，2003.

国内政策评估方法（陈庆云，2001）。在此基础上，有学者提出应将合法性和系统功能纳入政策评估标准体系（胡平仁，2002），通过对国内外政策评价标准的梳理，认为应从效果标准和效应标准两个方面对政策进行评价，其中效应标准主要有生产率标准、综合效益标准和国际竞争力标准（韩小威，2006）。

目前，国内学术界对政策评价及其标准和方法有着不同的理解。早期的研究重在评估不同政策方案的可行性及优缺点，结合政策实施环境、难点及目标，进行事前、事中和事后评估（董幼鸿，2008），明确政策方案的完整性、科学性及效果，政策评价着眼于政策效果及其成因，以明确政策目标的达成度，并为优化政策运行机制提供参考。

基于不同的评价标准和方法，一些学者对政策进行了评价。早期的成果多采用案例和描述性分析，此后，多种评价标准和定量分析方法被运用到政策评价研究中。刘希宋和夏志勇（2004）从产业竞争力、比较优势、市场需求、产业关联及社会效益等方面构建评价指标体系，采用灰色聚类分析法对机械、建筑、石油、煤炭等23个产业进行政策评价。唐晓华等（2017）提出采用差值对比评价方法结合灰色关联人工神经网络智能算法进行政策评价。

近年来，倍差法在评价分析中的应用较多。王志勇和陈雪梅（2014）分别将珠三角9市和长三角16市作为处理组和对照组，将产业升级速率、方向和效率作为被解释变量构建DID模型，采用倍差法对广东"双转移"战略进行评价。

此外，政策分析矩阵和政策文本分析也逐步被应用到政策分析当中。Scotte和Monke（1989）在农业政策研究中，利用政策分析矩阵测算农业成本收益率及报酬率，进而对农业产业政策进行评估。有学者参照加里·D.利贝卡普的做法，采用政策文本量化分析产业政策的影响。韩超等（2017）在梳理我国战略性新兴产业发展历程中供给型、需求型和环境型产业政策的基础上，构建权重矩阵，分析产业政策对企业绩效的影响。马文超和何珍（2017）借鉴黎文靖、李耀淘（2014）的做法，采用文本分析法分析2006~2015年A股非金融类上市公司财税政策对企业融资水平和融资成本的影响。

政策文本量化分析日益受到重视，催生了大量相关的研究成果（韩超等，2017）。于2017年11月3日采用"主题＝'政策'and篇名＝'文本分析'or篇名＝'文本量化'"，共从CNKI期刊全文数据库中检索出114条记录，通过筛选得到有效文献109篇，通过科技文献可视化分析得出样本文献总体趋势及关键词共现情况（见图2-6）。

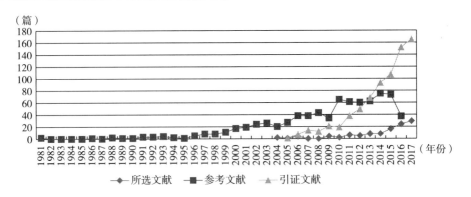

图 2-6　政策文本样本文献总体趋势

从样本文献总体趋势来看，相关研究自 2005 年起开始出现，且总体呈上升趋势，其中近三年来相关成果呈快速增长趋势。

通过节点过滤消除出现频次低于 2 的节点，并采用邻近节点法进行网络图谱分析，得出政策文本样本文献关键词共现网络图谱如图 2-7 所示：

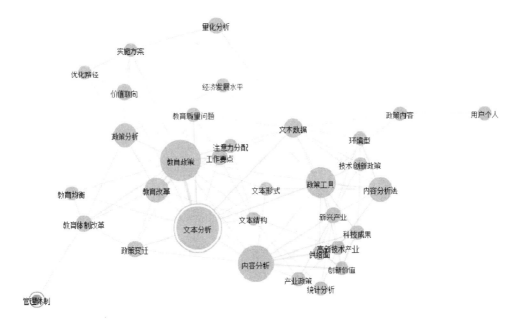

图 2-7　政策文本样本文献关键词共现网络图谱

结合政策文本样本文献关键词共现网图谱分析，政策文本相关研究中，关键词出现频次最高的依次为文本分析、教育政策、内容分析、政策工具、内容分析法、政策分析、教育改革、文本数据、政策变迁、教育体制改革等，出现频次依次为 15、13、11、9、7、7、7、5、4、4，其余出现频次较高的关键词还有高新技术产业、新兴产业、技术创新政策、产业政策、政策内容、实施方案、优化路径等。为了进一步明确该方法的主要研究内容，采用参考文献和引证文献进行多层关系文献互引分析，并过滤被引频次低于 6 的文献，得出如图 2 - 8 所示的互引网络图谱。

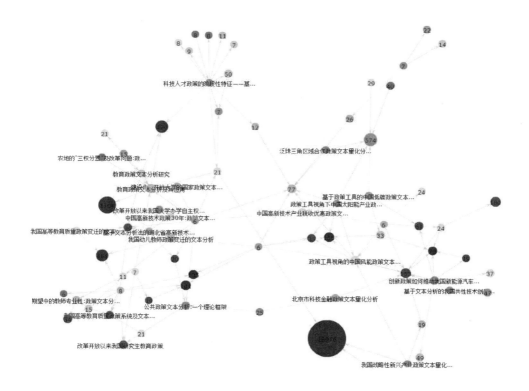

图 2 - 8　政策文本样本文献主要互引网络图谱

资料来源：笔者根据 CNKI 样本文献计量得出。

　　政策文本量化分析方法可利用政策文本语料库和挖掘方法自身的优势，对政策的深层次内涵进行解读和比较，有学者尝试基于政策文本统计分析建立中国风电产业政策测量标准和测量体系，对政策效力进行测量和量化，进而研究政策对风电产业的影响（严丹霖，2016），当然，也有学者认为政策文本量化在算法、语境识别和语境适用性等方面存在缺陷和缺失，耗时长、成本高，且结果往往是不够精确的（Proksch and Slapin，2009）。

二、政策对企业的影响

我国的政策多为基于特定目标，通过项目审批、信贷获取、税收优惠等方式对产业和企业实施直接或间接干预式政策，从而对企业产生重大影响，在很多方面影响着企业的行为方式，现有的研究主要关注其对融资、投资、创新和研发的影响。

在政策对企业融资的影响方面，政策对于金融资源配置依然发挥着很强的影响力，总体上在公司融资行为中起主导作用。在金融资源（特别是银行信贷）有限的条件下，政策对银行信贷的影响往往更为重要，加剧了获得和未获得政策支持企业之间的差距，前者的融资约束得以缓解，而后者问题可能更为严重。

在政策对企业投资的影响方面，政策对企业投资决策具有重要影响（靳光辉等，2016）。此外，政策还通过优化产业内资源配置，提高企业技术创新效率进而提高其生产率水平（邵敏和包群，2012）。

三、财税激励的政策影响

1. 财税激励对企业的影响

基于企业微观视角，有研究者关注财税激励对企业行为和产出的影响，但关于财税激励对企业 TFP 的影响，其成果仍然不够丰富。在财税激励对企业行为的影响方面，研究者较早关注的是投融资行为，税收优惠被认为具有平抑投资不足的作用，而财政补贴只有在补贴力度大于长期负债时才能发挥平抑投资不足的作用，按照不同的作用对象，财税激励对企业固定资产投资具有显著的促进作用，而对其无形资产投资和对外投资则具有显著的抑制作用，而按照不同的所有制属性，财税激励对地方国企投资方向的影响较央企大。在财税激励对企业产出的影响方面，有研究表明，财税激励对企业绩效具有提升作用，其中税收优惠的提升作用较大，而财政补贴作用不明显。财税激励对企业研发和创新的影响受到学者们的高度关注，财税激励主要通过财政补贴和税收优惠对企业研发活动形成激励（朱云欢和张明喜，2010），国内外关于财政补贴对企业研发活动的研究表明，研究层面和样本数据源不同往往导致研究结论的不同，有学者基于比利时企业数据得出财政补贴与企业研发活动之间存在互补效应，多数学者则得出两者之间存在替代效应，长期而言，PC、IT 等领域的财政补贴则具有显著的杠杆作用。税收优惠一般被认为对企业研发和创新具有积极的影响，Guellec 等（2003）基于 OECD 17 个国家的实证研究表明，税收优惠对企业研发支出具有激励作用，但其作用主要体现在长期，且不同的区域、规模及企业所有制性质均可能导致不同的结果，此外，也有研究表明税收优惠政策并不对企业创新绩效产生积极影响（郑春美和李佩，2015）。

2. 财税激励对企业 TFP 的影响

从现有的文献来看，目前关于财税激励对企业 TFP 影响的研究成果较少。Russo 等（2009）等的研究仍局限在产业层面，而 Huang（2015）、任曙明等（2014）等则仅针对制造业开展研究。此外，目前国内韩超等（2017）、李骏等（2017）等就政府补贴、税收优惠等财税手段与企业全要素产率的关系进行了一些探索，但关于财税激励影响企业 TFP 的机制缺乏系统的研究，且鲜有研究者考察其空间溢出效应（李广析和梅林海，2017），当然，唐诗和包群（2016）采用 0 - 1 虚拟变量衡量相邻省份主导产业对本地主导产业中企业影响的思路，从侧面印证了本书从企业层面进行空间溢出效应分析方向的科学性和正确性。

四、政策影响研究述评

关于政策影响早期的成果多采用案例和描述性分析，此后多种评价标准和定量分析方法被运用到政策影响研究当中。近年来，倍差法在评价分析中的应用较多，政策文本分析也逐步被应用到政策分析当中，越来越多的学者开始注重财税激励的生产率影响，TFP 成为评价财税激励的重要指标。基于企业微观视角，有学者分析财税激励对企业行为和产出方面的影响，但从现有的文献来看，国内外通过微观企业层面 TFP 系统地分析财税激励影响的成果较少，尤其是关于路径机制和综合考虑空间溢出效应的成果，有必要系统性地分析财税激励影响微观层面的企业 TFP 的机制，并探索性地引入微观企业层面空间权重矩阵，对财税激励影响进行检验，进而拓展相关研究。

此外，现有的研究多将政策资金数额与政策本身等同，基于统计计量方法，将财税激励作为纯粹变量与微观企业一系列变量进行相关性分析，很少考虑财税激励影响形成的过程，从而未能真正地将两者进行关联，也缺乏结合我国不同所有制企业的政企关系差异及由此形成的市场环境进行分析的成果。

第六节 本章小结

在对财税激励、TFP、空间溢出效应等概念进行梳理的基础上界定本书的研究范畴，从 TFP、溢出效应、政策影响等维度，对国内外研究的主要内容进行梳理，明确 TFP 的作用、测算方法、趋势及特征，归纳溢出效应的概念及分类，阐述研发溢出、技术溢出、吸收能力及空间溢出相关研究情况，并通过对政策评价访谈法、政策对企业的影响、财税激励影响等相关文献的梳理，明确本书的研究基础和切入点。

第三章　财税激励与企业 TFP：
影响因素及路径机制

　　分析财税激励影响企业 TFP 的因素及路径机制，主要任务是分析财税激励影响企业 TFP 的路径及机制，回答"为什么可以从微观企业层面，分析财税激励对企业 TFP 的影响"这一问题。

　　在内容上，首先，进行企业 TFP 增长来源分析，为第六章实证分析奠定理论基础；其次，挖掘来自企业自身、市场、制度等方面影响企业 TFP 的因素，为后期构建模型时引入控制变量提供依据；最后，基于财税政策制定、实施全过程的分析，明确财税激励影响企业 TFP 的路径，分析财税激励影响企业 TFP 的直接作用机制和空间溢出机制，并在此基础上建立研究假设。

第一节　企业 TFP 的增长来源及影响因素

　　从来源上将企业 TFP 增长分为技术进步和技术效率变化，并从微观层面分析 TFP 的影响因素（邱晓兰，2015），将其归纳为企业自身影响因素、市场影响因素、制度影响因素等几大类。

一、企业 TFP 的增长来源

　　从微观层面来看，企业 TFP 增长这一"黑箱"可解构为技术进步和技术效率变化，所有影响二者的因素均可能在不同程度上提高或降低企业 TFP，从而解释企业 TFP 的来源。鉴于此，参考李平（2016）的做法，从技术进步和技术效率两方面分析企业 TFP 的增长来源。

1. 技术进步

技术进步的经济学含义，简而言之即经济组织或国家生产前沿面的整体外移，这与研发和技术创新是密不可分的，无论发达国家还是发展中国家，进行自主创新，或者通过技术引进、吸收进而开展模仿创新（仝允桓和高建，2015），都需要大量的研发投入、人力资本和与技术创新相匹配的制度机制（张美丽，2015）。

第一，研发投入是知识积累和技术创新不可或缺的要素，对企业 TFP 具有重要影响。关于研发投入的研究可追溯到 20 世纪 60 年代，研究者在索洛模型的基础上（Solow，1957）开展相关研究（Mansfield，1965）。20 世纪 80 年代后，随着内生增长理论的兴起（Romer，1986；Lucas，1988），研发投入作为内生变量用于解释 TFP 的变动，逐步形成了系统的研究框架（Griliches，1979），Griliches 和 Lichtenberg（1984）基于美国制造业 1959～1973 年数据进行实证分析，结果表明，研发投入与 TFP 显著正相关，Griliches（1986）和 Hall（1995）也得出了相同的结论，其中过程研发投入的影响较产品研发投入大，基础研发投入的影响较应用研发投入大，不同类型的行业研发投入，其影响也存在差异。有研究者关注研发投入的溢出效应，上下游产业，甚至不同产业之间，均可能存在研发投入的正向溢出效应，但关于同一行业企业之间是否存在正向溢出效应并未得出一致的结论（吴延兵，2006）。也有研究者从企业层面检验研发投入对 TFP 的影响（韦锦祥，2015），毛德凤等（2013）采用倾向得分匹配法开展实证研究，结论支持两者之间存在显著正相关关系，且研发投入的溢出效应存在差异。

第二，人力资本是 TFP 的重要源泉（黄燕萍，2016）。早在 1966 年，Nelson 和 Phelps（1966）通过 NP 模型论证了两者之间的关系，人力资本通过促进技术进步（技术追赶）提高 TFP。Lucas（1988）和 Romer（1990）分别利用"干中学"和技术创新从理论上解释人力资本对 TFP 的促进作用。Benhabib 和 Spiegel（1994）基于柯布—道格拉斯生产函数，使用跨国人力资本存量和物质资本存量进行回归分析，实证结果也支持这一观点（魏下海，2010；孙婧，2013），而 Pritchett（2001）则得出相反的实证结论。有研究者利用个体人力资本的异质性解释这种实证研究结论的差异性，受教育程度、技能和体能状况等使个体人力资本具有异质性，低教育程度人力资本并不显著提高 TFP，而高教育程度人力资本则不同。从作用机制来看，具有异质性人力资本的个体之间，其交流、合作和资源配置效率不同，阻碍了技术和人力资本之间的匹配，但也可能形成显著的正向溢出效应，陈仲常和谢波（2013）基于省际动态面板的实证研究则表明，只有考虑滞后期后，人力资本对 TFP 才呈现显著的正向溢出效应，而低教育程度人力资本并不具有显著的正向溢出效应（魏下海，2010）。

第三，制度与技术创新的匹配度很大程度上决定着技术创新的供给。技术创新活动具有显著的风险性、外部性，同时面临信息不对称问题，开展技术创新需要高昂的投入，技术创新成果一旦形成，往往对外部环境带来巨大的收益，而当创新者得不到相应的收益，将减少技术创新的供给。推进技术创新需要形成与之相匹配的专利保护、技术交流、融资及收入分配等制度安排，形成制度激励，通过提高技术创新的个体收益实现技术创新的有效供给（郭明晶和何晓勇，2002），以诺斯为代表的研究者从新制度经济学视角开展了大量的研究（刘勇等，2012）。诺斯将产权保护和收入分配的合理制度安排视为技术创新的重要激励，认为通过产权保护和收入分配使个体技术创新收益内在化，能够有效提高个体技术创新活动的积极性，并将其视为工业革命以来技术进步和西方国家兴起的根本原因，德姆塞茨也在《产权导论》中从纯经济学理论视角论证了产权的重要性。近年来，国内学者也开始关注知识产权制度（专利制度）对技术创新的影响，研究者系统地分析了知识产权制度影响技术创新的机制，并将其影响因素归纳为国家创新能力、研发活动、技术转移等五大类，不同国家可能存在不同的"最优知识产权保护"制度（蔡跃洲，2015），且相比之下，知识产权保护更有利于知识溢出国家，且专利保护强度存在门槛效应（王华，2011）。

杜伟（2001）从制度层面探索构建企业技术创新激励的制度框架，而这些制度（如交流学习制度、企业家制度、协调制度等）与技术创新的匹配情况，对企业技术创新和技术进步具有重要的影响，交流学习作为知识和信息的获取、消化和吸收过程，是技术创新的基础和前期积累，"干中学"、师徒制、模仿学习、借外脑学习、交流学习等对中小微企业技术创新具有重要的提升作用，并购和投资学习也是规模以上、实力雄厚企业促进技术创新的重要学习制度，良好的企业家制度也有利于选拔和培养具有创新精神、创新意识的企业家，并为其开展创新决策提供制度保障，而协调机制则是技术创新集体公关的重要保障。

以上分析为本书将技术进步作为财税激励影响企业 TFP 的增长来源提供了理论依据。

首先，人力资本方面，财税政策的有效实施，可能通过提高个体受教育程度、减少个体人力资本不平等、缩小区域人力资本差异，促进落后区域技术赶超，同时改善企业提升人力资本存量，增加知识技术储备，增强研发力量，从而提高 TFP。

其次，在研发投入方面，尽管多数学者支持促进论，但由于财税支出结构不同，对企业 TFP 的影响并不一致（沈坤荣和滕永乐，2015），且由于信息不对称、寻租、政策动机多样性等原因，财税支出并不意味着企业研发投入的增加，也不意味着企业 TFP 的提升（闫志俊和于津平，2017）。

此外，制度供给方面，政府部门也通过财税政策对技术创新主体进行制度补偿，但政策实施也可能强化不同主体之间的技术壁垒，同时增加寻租等非生产性活动，并影响企业要素配置。

2. 技术效率

技术效率可表述为国家或经济组织的生产活动和生产前沿面之间的相对距离（Farrell，1957），相对距离越近技术效率越高；反之则越低（牛品一，2013）。技术效率受企业资本及技术条件、管理模式、空间集聚及空间位置等因素的影响。

第一，资本及技术条件构成了企业创新的物质基础。企业的物质资本、人力资本、技术水平等条件，构成了其生产、研发等活动的基础，企业的生产、经营、管理和创新等都是在这一基础上进行的（邹方睿，2016），这些条件同时也决定着企业的规模效率情况，及能否通过等比例增加要素投入获取更大比例的产出以及比例的大小。

第二，不同的管理模式下企业技术效率的可能存在差异。管理模式是企业协调各类物质资本、人力资本、技术等要素开展生产研发活动等的软性因素，它决定着这些要素如何进行配置及其效率的高低。现有的文献中关于管理模式的成果极为庞杂，结合本章的内容，相关的研究主要将管理模式划分为家族管理模式和职业经理人管理模式，后者属于现代企业管理的范畴，而前者也是当前重要的管理模式之一，家族管理模式主导企业的市场份额占总量的 80% 以上，即使在市场经济发达的美国，家族企业的 GDP 贡献也高达 49%（Umaporn and Toryos，2010），尽管家族管理模式并不会必然带来企业绩效和技术效率的损失（朱红军等，2007），但研究者普遍认为，家族管理模式向职业经理人管理模式转型，是当前家族企业管理模式转型的特点和趋势，有利于提升企业技术效率乃至企业 TFP。

第三，空间集聚及空间位置对企业技术效率及 TFP 的作用备受研究者关注。企业在空间上的集聚具有其内在的成因及机制，是经济系统最显著的特征（Krugman，1994），一般认为企业集聚进而人口集聚，往往催生较大的消费市场、要素市场，进而提升集聚地的基础设施和配套设施，Krugman 等用本地市场效应、生活成本效应等解释这一空间集聚形成的内在机制。研究者关注空间集聚的技术效率及生产率效应，多数研究支持两者之间存在显著正效应的结论（王良举和陈甬军，2013），但相关研究多基于产业或区域层面，卫龙宝和李静（2014）基于中国茶叶主产区 1998～2011 年投入产出数据测算区位商、集中系数，进而采用超越对数随机前沿生产函数分析其技术效率，从而明确中国茶叶产业集聚对技术效率的影响，田菁等（2012）采用类似的方法检验了 2005～2010 年中国金融集聚与金融服务业技术效率之间的非线性关系，陈得文和苗建军（2011）在构建超越对数生产函数的基础上，对 1999～2008 年中国省际区域技术效率进行估计，并通过引入空间集聚效应前后创新、经济、制度等因素对区域技术效率的回归系数的比较，明确空间集聚对区域技术效率的影响，并得出空间集聚效应与特定的空间位置密切相关的结论。

类似地，以上分析为本书将技术效率作为财税政策影响企业 TFP 的又一来源提供了理论依据（刘光岭和卢宁，2008）。从微观企业层面而言，财税政策可通过资本、技术、管理模式等影响企业技术效率进而影响企业 TFP，而企业空间集聚及空间位置的不同，也对其技术效率乃至生产率形成异质性影响（郭悦等，2015）。

二、企业 TFP 的影响因素

根据唯物辩证法，事物之间是相互作用、相互关联、相互影响的（丁国浩，2012），研究财税激励对企业 TFP 的影响，不能仅仅考虑财税政策和企业 TFP 本身，譬如在财税政策实践中，可能存在一些 TFP 很高的企业得到了政策支持，而另一些 TFP 不高的企业却未得到政策支持的情况。此时如果不考虑其他因素直接对两者进行回归，容易形成财税激励提升了企业 TFP 的直观判定，其回归的结果是有偏的。结合计量经济学应用研究可信性第二次和第三次大讨论的观点，同时考虑到结构计量经济模型因缺乏必要的微观基础受到"卢卡斯批判"，且因未考虑数据特征难以进行模型修改，而本书的主题也不太适合采用实验法、准实验法等进行实证分析，因而仍沿用目前主流的做法，即通过尽可能找出影响因素作为控制变量形成约束条件，进而探索财税激励对企业 TFP 的净效应，同时重视模型设定的统计适切性。

在明确企业 TFP 增长来源的基础上，进一步从微观层面分析 TFP 的影响因素，结合本节的分析，将其影响因素归纳为企业自身影响因素、市场影响因素、制度影响因素等几大类。

1. 企业自身影响因素分析

企业自身影响 TFP 的因素很多，通常的做法是借鉴以往的相关研究成果，重点分析使用频率较高的变量对企业 TFP 的影响。通过梳理柳光强（2016）、张莉和李绍东（2016）、杨畅和李寒娜（2014）、梁会君和史长宽（2014）、张祥建等（2015）的研究成果，企业规模（用总资产自然对数表示）、资本密集度（用固定资产/总资产表示）、资产周转率（用营业总收入/总资产表示）、技术人员人数占比等反映企业自身特征的因素对 TFP 多具有显著影响，且预期影响多为正。企业规模的正向影响得到了很多研究的支持，根据规模经济理论，企业规模越大越有利于采用先进的设备和管理技术，同时有利于进一步细化分工和开展研发，从而提高技术效率乃至企业 TFP，斯密则从规模化生产有利于通过分工提高劳动生产率的角度得出相同的结论，许多实证研究也得出企业规模具有显著正效应的结论（胡春阳，2018；张祥建等，2015）。囿于论文篇幅，此处不再对其他关于企业自身因素影响的研究成果进行阐述。

2. 市场影响因素分析

市场也是影响 TFP 的重要因素。早在 20 世纪 30 年代，哈佛学派采用严密的 S－C－P 分析框架，建立"市场集中度、进入壁垒和利润率"假说，考察垄断竞争型产业市场结构中各关键因素对市场绩效（如生产效率、要素配置效率等）的单向影响（陈燕华，2007）。考虑到市场有海外市场和本土市场之分，本节重点采用出口规模（用出口/营业总收入表示）和企业真实 Lerner 指数来分析两大市场因素对我国企业 TFP 的影响。

第一，出口规模对我国企业 TFP 的影响具有特殊性。按照新贸易理论的观点，一国在与其他国家开展贸易的过程中可获得学习效应、技术溢出效应和出口规模效应，促进技术进步和 TFP 提升，"出口促进论"假说也将出口作为一国技术进步的重要来源（吕惠娟，2007）。此外，大量的理论和实证研究还表明，出口还通过竞争效应产生溢出，提升非出口企业 TFP。就企业本身而言，出口使得企业的分工更加细致和专业化，同时面对更大的国际市场需求，因而企业往往选择扩大生产规模，这有利于提高 TFP（Helpman and Krugman，1985），就行业而言，出口企业需要按照相应的标准开展生产，同时产生渠道成本，长期中只有高效率的企业才能在国际市场获利，而效率低的企业则退出市场，从而提高行业 TFP（徐蕾和尹翔硕，2012）。

但从国内相关研究来看，对我国出口与 TFP 的实证检验并不支持两者之间存在显著正效应的结论，两者之间并非简单的线性关系，这与我国二元贸易结构有关，我国的加工贸易出口长期处于 GVC 的中低端。此外，有研究者认为出口对企业 TFP 的影响还与吸收能力有关，而出口贸易方式对吸收能力具有重要的决定作用（叶明确和方莹，2013）。

第二，市场势力衡量的并非纯粹的市场因素，为刻画企业所有制属性带来的影响提供了可能。传统经济学建立在完全竞争的市场结构之上，市场机制这只"看不见的手"发挥着对资源的优化配置作用（邱平，2009），企业接受市场价格并按照 MC = MR 组织生产，从而实现最佳效率，而新古典经济学则认为，垄断竞争是经济系统中最普遍的市场机构，由于产品异质性、规模报酬递增等原因，企业往往具有一定的市场势力，从而影响市场机制作用的发挥。

有研究者将 20 世纪七八十年代以来市场势力测度方法概括为需求法和生产法两大类（秦伟广，2017）。需求法包括 C – D 模型、C – W 模型、RDE 模型等，C – D 模型在同质性假设的基础上，引入市场勾结、市场企业数量、边际成本变动等变量，对 C – W 模型进行修正，解决内生性问题，RDE 模型将市场势力研究拓展到国际市场，测度单一企业或行业的市场势力。需求法需要考虑特定的市场结构、消费者需求及企业竞价模式等诸多因素，对数据也有严格的要求，学者们尝试利用生产法进行市场势力测度，形成了以 Hall 模型、Klette 模型、De Loecker – Warzynski 模型等为代表的测度方法。需要指出的是，市场势力衡量的主要是企业的垄断势力，但这一指标包含很多因素，尤其是制度因素，因而并非纯粹的市场因素，事实上，决定产品价格和边际成本进而影响市场势力的因素是复杂的，不仅包括垄断，还包括制度法规、市场结构、竞争者行为、消费者需求状况、规模报酬变化、内生性偏差、资源禀赋等诸多因素（胡春阳，2018）。因此，本书尝试通过修正市场势力使其刻画企业所有制属性带来的影响。

第三，通过对衡量市场势力的 Lerner 指数进行修正，反映企业所有制带来的影响。Lerner 指数是最早用于衡量市场势力的指标，为了使其能够反映不同企业所有制带来的影响，即国有企业和非国有企业在制度上的差异，参照胡春阳

（2018）的做法，在 Ariss（2010）研究的基础上对 Lerner 指数进行修正，即分别采用平均收益和平均成本代替价格和边际成本，并构建国有企业工资产出因子 w_{eij}（i 行业 j 国有企业工资产出率与非国有企业平均工资产出率之比），得出修正 Lerner 指数式（3-1）：

$$Lerner_{ij} = (TR_{ij} - r_{ij}K_{ij} - w_{eij}L_{ij})/TR_{ij} \tag{3-1}$$

3. 制度影响因素分析

制度作为政府及利益相关者决策的法律、法规及程序，包括一系列正式的规则和非正式的约束，用以引导和规范个人的行为，并形成特定的社会、经济激励结构（North and Weingast，1989），优质的制度能够对经济活动中的行为主体起到约束和激励作用。近年来，制度对 TFP 的重要决定作用得到了学术界的认同，但从理论内涵来看，制度的实质是利益相关者博弈路径特征的高度概括。制度经济学鼻祖 Veblen（1919）甚至将制度理解为人们固有的惯性思维，是经济发展和技术进步的阻力，从实证检验来看，相关研究也并未得出制度必然促进 TFP 提升的统一结论。根据现有的文献，研究者多从制度质量、制度环境等方面论述制度与企业 TFP 之间的关系。

在制度质量方面，研究者主要关注经济增长、经济发展、引力模型拓展，也有采用技术创新、技术进步的尝试，通过技术创新、技术进步，从企业层面将制度质量与企业生产率进行关联。从作用机制上来看，高质量的制度对企业创新研发以及内部资源配置具有激励作用，并可能通过鼓励资源的合理流动实现资源在企业之间优化配置，提高企业乃至行业生产率；从研究内容上看，契约制度质量和产权制度质量是制度质量研究的重要方面。良好的契约制度能够降低契约风险，深化劳动分工，提高企业（尤其是转移和退出成本较高的企业）创新投入和先进技术选择的积极性（魏婧恬，2017），从而提高企业 TFP，完善的产权保护制度能够确保企业凭借研发成果获得合法收益的权益，为企业开展技术创新进而提高企业 TFP 提供可靠保障，但现有的成果中关于制度质量的内涵和测度尚未形成统一的观点，WGI（全球治理指数）、IEF（经济自由指数）、RLI、TI 等指标测度制度质量，得出的研究结论更具异质性。Fuentes 等（2004）在 Nelson 和 Phelps（1966）模型的基础上进行拓展，构建包含最终产品生产、资本品生产和消费的三部门模型，并将制度质量内生化，理论分析表明，当制度质量加速下降时，技术采用的努力程度随中间产品相对价格上涨而降低，从而影响最终产品产出，并采用 Polity Ⅳ 数据库中的 Polity 指数衡量制度质量，选取中国、泰国、菲律宾、印度、巴西等 17 个发展中国家 1990~2010 年国家层面数据为样本进行分位数回归和固定效应回归，实证检验技术进步在不同制度质量和经济不平等条件下对 TFP 的影响。曹驰和黄汉民（2017）在 Melitz 模型的基础上引入制度因素，并结合 Levchenko（2007）的研究建立制度模型，将制度质量与微观企业相联系，通过与 Melitz 模型的对比，分析封闭和开放条件下的企业市场均衡，从理论上得出制度质量越差企业贸易门槛越高，生产率提高越大的论断，同时利用面板数据进行实证检验。

在制度环境方面，经济主体的生产经营都需要在特定的制度环境下开展，制度环境是制度研究体系中最核心的理论构念，优质的制度环境通过调节效应强化创新对企业 TFP 的驱动作用，还通过优化资源配置、合理化企业组织及分工结构，提高企业 TFP，但现有的研究关于制度环境的维度及测度存在争议，往往导致研究成果难以比较、研究结论不一致甚至相悖，卢现祥和徐俊武（2004）较早地提出从市场化进程、经济开放程度、政府职能转变、社会文化、法律体系等维度进行测度，并尝试构建相应的指标体系及权重矩阵。

一些研究者将制度环境作为调节变量甚至门槛变量进行处理，用于分析其他核心解释变量与被解释变量之间的关系。衣长军等（2015）选取专利保护、法制化和政府治理三个维度测度制度环境，将制度环境作为门槛变量引入国外 R&D 溢出回归模型，基于中国 2003~2012 年 29 个省份样本数据进行省际面板回归，检验母国对外直接投资溢出的研发资本存量影响我国企业 TFP 的正向门槛效应。许和连和成丽红（2016）设计了包含法律保护、对外开放、金融发展、政府干预及非正常支付五个方面的量表，结合樊纲市场化指数对制度环境进行测度，基于世界银行 2002 年、2003 年和 2012 年调查数据，分析制度环境对 TFP 的调节作用，结论支持制度环境对企业技术创新乃至 TFP 具有积极的调节作用。

在制度对企业 TFP 影响的研究当中，研究者普遍关注制度因素中所有制属性和股权对企业 TFP 的影响（范金等，2008）。多数研究者认为国有企业 TFP 低于非国有企业，也有研究者提出，软预算约束为国有企业陷入危机时脱困提供了保障，从而提升其效率，国有企业在企业家声誉机制弱的低竞争、低创新性行业中可能更具优势，因而所有制属性并不必然对企业 TFP 造成显著影响。张晨和张宇（2011）以工业企业为对象的研究表明，国有工业企业技术效率在竞争市场中与非国有工业企业无显著差异，而在非竞争市场中则高于后者。从公司治理的角度而言，高股权集中度往往意味着两权分离和股权制衡的缺位（范美云，2014），有研究证实两权分离度和股权制衡与企业效率之间显著负相关（陈一鸣和王苗苗，2018）。结合市场势力假说，股权集中度低的企业在管理过程中需要权衡不同股东的利益，决策过程中容易受理性谬误影响，从而降低决策质量，损失 TFP（戴小勇，2018），反之则反是。

也有研究者采用反映特定侧面的主观评价指标或统计指标（如中国市场化指数）来刻画制度，基于世界银行调查数据或统计数据开展实证分析，检验制度与微观层面企业变量之间的相关性，但两者之间往往缺乏紧密的经济联系，因此很少有研究者系统深入地剖析制度与微观企业层面变量之间的影响，本书除引入修正后的 Lerner 指数刻画企业所有制属性带来的影响之外，还引入行政人员人数占比以消除部分遗漏变量，同时考察股权的影响。

第二节　财税激励影响企业 TFP 路径机制

首先阐述财税激励制定、实施全过程中，政府和企业涉及的主要内容、影响因素，以及政企之间的相互作用，从而明确财税激励影响企业 TFP 的两类路径，并分析财税激励影响企业 TFP 的直接作用机制和空间溢出机制。

一、财税激励影响企业 TFP 的路径

财税政策从政策目标、计划、方案等的制定，到政策实施并产生影响，是政府和企业共同参与、相互作用的过程。结合本章第一节的分析，采用图 3 - 1 描述这一过程。

第一，在财税政策目标、计划、方案等制定环节，政府政策决策受多种因素影响，企业也可能增加与政府相关的非生产性活动，从而与政府之间形成相互作用。

从政府一方来看，在政策目标、计划、方案等制定环节，政府部门需要确定政策扶持力度和时效，明确重点扶持的行业、部门和企业，并制定相应的保障措施，而在这一环节中，动机多样化、政府能力有限性、中央与地方博弈、市场与政府的边界以及配套制度机制的支撑度等，均可能影响政策目标、计划、方案等的制定，进而影响财税激励对企业 TFP 的作用效果。就动机而言，尽管我国的财

税政策多为基于特定目标的，通过财政补贴、税收优惠、低息贷款等（的审批）对产业和企业实施直接或间接干预式政策，但财税政策本身作为宏观调控手段，同时也需要服务于 GDP 增长、经济发展和社会公平。

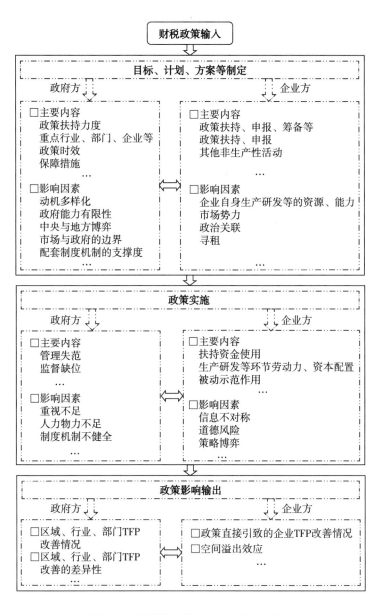

图 3－1 财税激励影响企业 TFP 的路径

资料来源：由笔者在现有研究成果的基础上提出。

更重要的是，一些地方政府受 GDP 考核影响，甚至将大量的资金用于严重亏损的公司，尤其是严重亏损的上市公司，这些公司技术效率严重低下，这种扭曲的资源配置方式，人为地损害了全社会资源配置效率，降低了企业 TFP。此外，基于多样化动机制定目标、计划、方案，必然造成财税政策投入的分散，而非仅作用于企业 TFP 一个方面。就政府能力而言，长期以来"单极核心权力能力的有限性"决定着政府在政策制定时难以保证政策的科学性，也正因为如此，党的十九大将人民依法管理国家事务作为推进政治体制改革的重要内容。在配套制度机制支撑方面，一项财税政策的出台，往往需要许多制度机制共同发挥作用，形成良好的支撑，而金融制度体制支撑不足已经成为制约财税政策发挥作用的重要障碍。在现行的金融制度体制下，金融体系将大量的金融资源配置到技术效率不高的房地产行业、地方政府债务平台、国有企业甚至国有僵尸企业，而技术效率高的行业和企业，尤其是科技型、创新型中小微企业难以通过直接和间接融资方式从金融机构获得资金。

从企业一方来看，在政策目标、计划、方案等制定环节，有条件的企业可能提前筹备和申报政府政策扶持，其中一些企业可能因此增加非生产性活动，如按照申报文件筹备，甚至花费精力增强与政府部门、政府官员的合作、交往等，企业的这些活动既受企业市场势力及自身生产研发等的内部资源、能力制约，还与企业政治关联有关。此外，一些企业通过寻求政治关联、寻租等也可能对政策制定造成影响，并对其他竞争者形成"挤出效应"。

第二，在财税政策实施环节，财税政策管理模式、中央与地方之间的博弈等，影响财税激励对企业 TFP 的预期效果。在"重制定轻实施、重审批轻监管"的财税政策管理模式下，财税政策实施环节普遍被认为是影响政策效果（企业TFP）的重要一环，政府部门由于普遍在意识上对政策监管不够重视，加之人力物力不足，在政策执行过程中存在管理失范、监督缺位等一系列问题，而在政府企业信息不对称的情况下，这大大增加了企业道德风险、策略博弈的空间，也有可能使得财税政策对企业自身相关投入形成"挤出效应"，难以起到预期的提高企业 TFP 的效果。

此外，中央与地方之间的博弈，对政策目标、计划、方案等的制定，乃至实施产生重要影响，最终影响政策效果（企业 TFP），市场与政府的边界的影响也备受关注，边界不清、越界等影响财税政策的制定和实施，进而影响企业要素配置和技术效率，不利于企业 TFP 提升。

第三，财税政策的输出，为明晰其影响企业 TFP 的路径提供了依据。从财税政策输出来看，对政府一方而言，财税政策可能对区域、行业、部门 TFP 带来影响，并改变其差异性，而对于企业一方而言，对该企业实施的财税激励可能直接影响其 TFP，也可能对其他相关企业形成正向或负向空间溢出效应。

二、财税激励影响企业 TFP 的机制

1. 政策在理论中的引入

分析财税激励对 TFP 的影响首先要分析财税政策对生产函数的影响。无论是以人口和技术为外生变量的新古典增长理论模型（如 Solow‑Swan 模型），还是新增长模型中以内生技术积累或人力资本为决定性因素的 Romer 模型或 Lucas 模型（徐大丰，2009），这些理论均未加入政策，但是新增长模型为生产函数中加入政策因素提供了可能。

财税政策在某种意义上而言属于制度范畴，有学者在分析 Solow、Romer、Lucas 等传统经济增长模型隐含假定和理论缺陷的基础上，建立包含制度因素的一次齐次生产函数（白暴力和白瑞雪，2019），从理论上分析制度对产出增长率的影响（柴华，2004），基于 AK 模型引入制度因素建立政府和企业两部门跨期模型，分析储蓄率内生和外生时制度对投资率和资源配置率的影响，并从微观层面探讨了储蓄率外生情况下政府援助及政策支持（锦标激励）对产出增长率的影响机制（李小宁，2005），在两部门模型的基础上构建包含制度创新部门的三部门模型，实现制度因素内生化，并通过三部门均衡状态的分析，明确制度创新率与产出增长率、技术进步率及各部门资源分配比例的关系，揭示制度对产出增长的作用机制（肖海东和刘先忠，2008）。制度作为一国经济增长和经济发展的根本决定因素，具有复杂的内涵，学者们往往倾向于基于制度经济学框架，分析制度通过劳动者积极性、技术创新、技术效率等影响 TFP 的机制（傅东平，2011），这同样适用于分析财税激励影响 TFP 的机制。

以上理论为本章在前人研究的基础上，将财税政策纳入分析框架，分析财税激励对企业 TFP 的影响机制奠定了基础。

2. 财税激励影响企业 TFP 的机制之一：直接作用机制

Farrell（1957）、Malmquist（1953）等早在 20 世纪 50 年代就尝试对 TFP 增长进行解构，采用其分解项对财税激励影响企业 TFP 的机制进行分析，在理论上既与新制度经济学等机制相吻合，又具有可测性。在此基础上，尝试将财税激励对企业 TFP 的影响归纳如式（3-2）所示：

$$\frac{dtfp(ti,\ ei)}{dinpoli} = \frac{\partial tfp(ti,\ ei)}{\partial ti}\frac{dti}{dinpoli} + \frac{\partial tfp(ti,\ ei)}{\partial ei}\frac{dei}{dinpoli} \tag{3-2}$$

其中，ti 和 ei 分别表示企业技术进步和技术效率变化。

从式（3-2）来看，财税激励通过影响技术进步对生产率的提升作用、改变创新成果转化率，或影响财税政策投入在企业效率改善方面的使用率等，直接改变企业 TFP。

具体地，财税政策的实施，可通过减少企业之间人力资本不平等，缩小人力资本差异，促进落后企业技术吸收、模仿和再创新，进而增强技术创新和技术进步对生产率提升的作用，财税政策良好的创新奖励、专利保护、技术交流等配套制度，也有利于激励研发热情、促进成果交流和转让，从而提高企业 TFP，但财税政策也可能强化不同企业之间的技术壁垒，同时增加寻租等活动，制约创新成果转化，挤占技术创新投入，且政策动机多样性、后期监管缺位等不利于财税政策资金向研发资金转化，因而未必起到改善企业效率进而提升企业 TFP 的作用。

3. 财税激励影响企业 TFP 的机制之二：空间溢出机制

溢出效应有多种类型，可按照不同的方式如传导机制、渠道结构、空间维度等进行划分（彭肖，2017）。在现实经济系统中，溢出并不局限于某种特定的溢出类型，而是多种类型溢出的综合（Catherine and Morrison Paul，2002），如按传导机制，财税激励的溢出可能同时包含多种溢出。企业获得政府的财税政策支持时产生的空间溢出效应，即通过技术、经济、研发等诸多方面形成的外部溢出（Caves，1974；胡春阳，2018），结合 Lesage 和 Pace（2009）、Elhorst（2014）的观点，将本书中提及的空间溢出效应界定为企业获得财税政策支持时对其他相关企业 TFP 带来的影响。当企业获得政府财税政策支持时，通过空间溢出效应对其他相关企业 TFP 产生影响的路径也是一个复杂的系统过程。依据经济地理学的理论，企业必然处于特定的经济地域系统中，根据地理学第一定律关于地球表面事物之间相互关联的空间距离规律，企业之间在空间上也必然存在关联性和依赖性。这就决定了相关企业可能关注该企业接受政府财税扶持的基本情况，进而关注其自身的状况及在产业当中所处的地位等情况，争相遵照政府财税扶持政策细则，以该企业为标杆积极筹划，不断改善自身条件、提高市场竞争力。就溢出机制而言，多数研究者支持示范效应和关联效应的重要作用（Kokko，1994），而竞争效应对溢出效应的作用也不容忽视。本书将溢出机制归纳为示范效应、竞争效应和挤出效应。从企业之间的关联性和依赖性分析来看，财税激励实际上起到了示范效应和竞争效应，而财税激励对于未获得扶持的企业而言则往往意味着资源和机会的丧失，也即形成了挤出效应，但总体而言，财税激励的示范效应远大于竞争效应和挤出效应。

分析空间溢出机制，还要考虑溢出效应形成过程中溢出渠道和吸收过程的作用。就溢出渠道而言，黄苹（2010）将影响生产率的研发溢出渠道归纳为商品贸易、劳动力流动、技术交流、合作创新和科技杂志等类型。就溢出机制而言，多数研究者支持示范效应和关联效应的重要作用（Kokko，1994），而竞争效应对溢出效应的作用也不容忽视。一个企业获得财税政策支持后，可能引进更先进的技术和管理模式，从而对相关企业产生技术溢出，其他相关企业也可能以该企业为标杆，不断改善自身条件、提高市场竞争力，以争取政府财税政策支持，即财税激励的竞争效应。就溢出效应的吸收过程来看，不同的吸收方式及相关因素也会对溢出效应造成影响。当然，企业吸收能力的大小受多种因素影响，如企业的研发强度、学习强度、知识基础和经验（前因变量）等（张根明和彭艺杰，2013）。刘青海（2011）从企业内外研发强度、人力资本积累、合作关系、文化差异等方面，分析了各因素对吸收能力的影响。Lane 等（2001）将影响因素归纳为个体因素、企业因素和企业间因素三大类，个体因素包括个体认知及吸收能力，企业因素包括研发强度、知识基础和经验、整合能力、组织结构及战略等（Van den Bosch et al.，1999），企业间因素则主要包括知识、政策等的相似性（Lane and Lubatkin，1998）。本书在前人研究的基础上，借鉴马国勇等（2014）的分类方式，从内源因素和外源因素两个方面分析财税激励空间溢出效应吸收能力的影响因素。

综合来看，本书认为，财税激励通过空间溢出效应对其他相关企业 TFP 产生影响，是由空间溢出和吸收过程共同决定的，前者在示范效应、竞争效应、挤出效应等特定机制的作用下，通过传统生产要素流动、信息知识流动等溢出渠道传递给其他相关企业，促进其他相关企业创新进而促进技术进步或效率改善，提升其他企业 TFP，而最终影响的大小还与企业的吸收方式有关，同时受企业吸收能力制约。

第三节 研究假设

基于前文中关于路径及机制等的分析，建立如下研究假设：

政府实施的财税激励抑制了企业 TFP 的提升（H_1），但可能通过空间溢出效应对其他相关企业 TFP 起促进作用（H_2）。

实际上，政府实施财税政策没有对企业自身起到促进技术创新的作用，大量的财税政策投入未形成促进技术创新的动力，而是成为企业利润的组成部分。不以 TFP 提升为直接目标，且缺乏相对透明的管理机制和有效后期监督，大大增加了企业寻租的空间和非生产活动的成本，同时形成要素配置扭曲，反而降低了企业自身 TFP。当一个企业率先获得政府的财税政策支持时，该企业也成为其他相关企业学习、模仿的对象，往往向其产生知识、技术、研发、经济等溢出，对其他相关企业 TFP 起促进作用。

第四节 本章小结

本章主要分析企业 TFP 的增长来源，为第六章实证分析奠定理论基础，挖掘来自企业自身、市场、制度等方面影响企业 TFP 的因素，为后期构建模型时引入控制变量提供依据，通过对财税政策制定、实施到最终形成政策影响全过程的分析，明确财税激励影响企业 TFP 的路径，并分析财税激励影响企业 TFP 的直接作用机制和空间溢出机制。

首先，从微观层面将 TFP 解构为技术进步和技术效率变化，分析 TFP 增长的来源，在技术进步方面，研发投入、人力资本积累和制度等均对技术进步具有重要影响，而技术效率受企业管理模式、资源配置效率及规模效率等的影响，其中资本及技术条件、经营管理模式、空间集聚及空间位置等对技术效率的影响较大。

其次，通过对影响企业 TFP 的各类因素进行梳理，以便尽可能地找出影响因素并在后期的实证模型中进行控制，从而形成约束条件，为通过实证检验估计财税激励对企业 TFP 的净效应奠定理论基础，其中对市场势力的修正和引入构成了本书的又一创新点。

再次，在 Farrell（1957）、Malmquist（1953）及新制度经济学等相关理论的基础上，从企业技术进步和技术效率变化两个维度分析财税激励对企业 TFP 的直接作用机制，重点在归纳财税激励空间溢出效应的本质、概念的基础上，结合溢出效应形成过程中溢出渠道和吸收过程分析，利用示范效应、竞争效应和挤出效应，明晰财税激励影响企业 TFP 的溢出机制。

综合来看，本书认为，财税激励通过空间溢出效应对其他相关企业 TFP 产生影响，是由空间溢出和吸收过程共同决定的，前者在示范效应、竞争效应、挤出效应等特定机制的作用下，通过传统生产要素流动、信息知识流动等溢出渠道传递给其他相关企业，促进其他相关企业创新进而促进技术进步或效率改善，提升其他企业 TFP，而最终影响的大小还与企业的吸收方式有关，同时受企业吸收能力制约。

最后，提出研究假设。本章对路径及机制的分析蕴含着这样的政策假设：（政府实施的）财税激励抑制了企业 TFP 的提升，但可能通过空间溢出效应对其他相关企业 TFP 起促进作用。

第四章 财税激励对企业 TFP 的影响

首先在对各类 TFP 测算方法进行梳理和比较的基础上，基于 Wind 金融数据库和历年《中国统计年鉴》基础数据，采用主流的 OP 方法、LP 方法测算 2008 ~ 2017 年企业 TFP，进而通过面板数据实证分析，回答"财税激励对企业 TFP 的影响有哪些、显著性如何、不同的区域和产业是否存在差异"的问题。在内容上，利用中国上市公司 2008 ~ 2017 年的面板数据检验不同样本中财税激励对企业 TFP 的影响，通过各样本分析结果的比较明确其异同，为制定财税政策提供实证依据。

第一节 TFP 测算

明确采用 OP 方法、LP 方法测算企业 TFP 及该方法的优势，并对测算企业 TFP 的数据来源、模型设置及变量进行说明，重点测算企业 TFP 并分析其变化趋势。

一、测算方法选择

在第二章中系统地对 TFP 测算方法中的参数法（索洛残值法、增长核算法、隐性变量法、确定性前沿分析法、随机前沿分析法等）、非参数法（指数法、数据包络分析法和曼奎斯特指数法等）、半参数法（OP 方法、LP 方法等）进行了疏理，并系统地对各测算方法进行了比较。

从研究的发展脉络来看，早期的 TFP 的研究主要关注采用何种生产函数提高测算精度，索洛残值法提出后，围绕理论假设、劳动和资本产出弹性估计、索洛剩余部分的内容等，研究者进行了较系统的研究，具有代表性的是 Denison（1962）及 Jorgenson 和 Jriliches（1967），前者在 Solow 研究的基础上形成了 TFP 增长核算法，该方法由于存在投入要素测量误差和遗漏变量而往往高估 TFP，也因和索洛残值法一样建立在完全技术效率假设之上而无法进行分解，但增长核算法同时也具有数据类型适用性强的特点，且具备预测功能，并通过细分投入要素的数量和质量从 TFP 中分离出部分要素投入贡献，提高了测算结果的精度（刘立志，2008）。索洛残值法和增长核算法均假设不存在技术效率损失，理论上限制了 TFP 的分解，而数据包络分析法（DEA）不拘泥于具体的前沿函数形式和主观权重假设，受样本影响较小，可全面进行效率估计，但也因忽略价格和测量误差等存在一定的估计偏差。相比之下，OP 方法和 LP 方法有利于解决宏观计量方法无法克服的同时性偏误和选择性偏误（王亚星和李敏瑞，2015）。

二、数据来源、模型设置及变量说明

以沪深股市市场类全部 A 股企业为研究样本，以 Wind 金融数据库为主要数据来源，选取 2008～2017 年为研究周期①，依据国民经济行业分类与代码（GB/T 4754 – 2017）与《企业所属证监会行业》相匹配对接进行三次产业划分，同时对东中西三大区域进行划分，得到相应的分样本。

构建如式（4 – 1）所示的 C – D 生产函数：

$$Y_{it} = A_{it} M_{it}^{\beta_m} K_{it}^{\beta_k} L_{it}^{\beta_l} \tag{4-1}$$

等式两边取自然对数后，有式（4 – 2）：

$$tfp_{it} = y_{it} - \alpha_{it} - \beta_m m_{it} - \beta_k k_{it} - \beta_l l_{it} + \eta_{it} \tag{4-2}$$

其中，tfp_{it}、y_{it}、m_{it}、k_{it}、l_{it} 为 i 企业第 t 年自然对数形式的 TFP、产出、中间投入、资本和劳动，η_{it} 为随机误差项，且有 $\eta_{it} \sim N(\mu, \sigma^2)$。

由于被企业察觉到的 TFP 变化与投资之间存在双向因果关系，从而产生内生性问题，因此通过传统的 OLS 回归得到的企业 TFP 是有偏的，Olley 和 Pakes（1996）采用投资代替不可察觉的 TFP，对 OLS 回归进行修正，形成 OP 方法，该方法假定投资函数为单调递增函数，同时需要设置退出变量，Levinsohn 和 Pet-

---

① 考虑到 2017 年下半年起部分地区（如天津）统计口径由企业注册地更改为企业所在地，2017 年采用半年报数据。

rin（2003）假定 TFP 遵循一阶马尔可夫随机过程（Marcovian Process，No Memo-ry），中间投入是企业 TFP 的单调递增函数（毛辉辉，2017），且有式（4-3）：

$$m_{it} = m_{it}(tfp_{it}, k_{it}) \tag{4-3}$$

在此基础上从理论上论证通过两阶段回归得出了 β_m、β_k、β_l 的一致估计，从而采用中间投入作为代理变量在理论上较 OP 方法更具有优势（李娟，2011）。

因而，参照 LP 方法建立如式（4-4）所示模型测算企业 TFP：

$$y_{it} = tfp_{it}(m_{it}, k_{it}) + \alpha_{it} + \beta_m m_{it} + \beta_k k_{it} + \beta_l l_{it} + \eta_{it}$$
$$= \beta_{it} + \Psi_{it}(m_{it}, k_{it}) + \beta_l l_{it} + \eta_{it} \tag{4-4}$$

其中，劳动为自由变量，相关变量及处理说明如下：

参照韩超等（2017）的方法，以上模型中资本用固定资产净值表示，劳动用员工数表示，投资通过永续盘存法，即用当期与上期固定资产净值的差额加上当期固定资产折旧计算得出，产出分别采用营业总收入、主营业务收入和企业增加值三种指标进行测算，其中企业增加值是折旧、营业总额、工资及附加、税金及附加的总和，测算之前所有指标均进行平减处理，其中固定资产净值、固定资产折旧等按各省当年实际固定资产投资价格指数平减（见附录3），由于西藏固定资产投资价格指数缺失，按1.00进行平减，当然由于西藏样本数量极少，这并不对整体样本造成太大的影响，第五章和第六章剔除西藏后的回归结果后也印证了这一点，营业利润、营业总收入、主营业务收入、税金及附加、企业增加值等按各省份当年实际消费价格指数平减（见附录4）。

理论上，LP 方法较 OP 方法更具有优越性，但由于现实中其他变量的数据缺失甚至较 OP 方法剔除得更多，加之中间投入指标选取的差异性，很多实证表明采用两种方法得出的结果差异并不明显，因而同时采用 LP 方法和 OP 方法进行企业 TFP 测算。由于 Wind 金融数据库中的样本不存在退出问题，一些研究者尝试采用多种方法进行处理，如更改 Stata 命令，本章按研究期内出现主营业务比率小于 -100%，即赋值退出（exit = 1）或主营业务收入增长率下降一定比例（如1%）的企业退出，事实上由于比例较小，造成的样本损失几乎可以忽略不计，同样可达到预期的目的。

三、测算结果及变化趋势

基于以上 LP 方法和 OP 方法，测算得出 2008～2017 年全样本中企业 TFP 的基本统计特征（见表4-1）。

表 4-1　主要变量的基本统计特征

变量	观测数	均值	标准差	最小值	最大值
tfp_ lps	26581	2.837	0.072	1.850	3.122
tfp_ lpy	28371	2.557	0.072	1.381	2.834
tfp_ ops	29927	2.296	0.111	1.087	2.717
tfp_ opy	29927	2.366	0.107	1.572	2.795

资料来源：由笔者根据样本数据整理而成。

根据表 4-1，以营业总收入为代理变量，采用 LP 方法和 OP 方法测算的 TFP 均值为 2.837 和 2.296，而采用 LP 方法和 OP 方法按增加值测算的 TFP 均值为 2.557 和 2.366，OP 方法测算出的 TFP 较 LP 方法偏小，但四个变量的标准差并不大，因而并不对研究结论造成影响。

此外，通过对不同样本 2008~2017 年企业 TFP 的综合比较，明确企业全要素生产率的差异，表 4-2 和图 4-1 列出了下文中基本回归采用的被解释变量 tfp_ lps 的变化趋势。

表 4-2　各样本中 TFP 的变化趋势

年份	全国	东部	中部	西部	第一产业	第二产业	第三产业
2008	2.839	2.847	2.831	2.816	2.791	2.838	2.843
2009	2.831	2.838	2.823	2.812	2.801	2.832	2.832
2010	2.835	2.840	2.831	2.816	2.803	2.835	2.837
2011	2.840	2.843	2.838	2.829	2.808	2.839	2.845
2012	2.839	2.841	2.837	2.829	2.815	2.837	2.845
2013	2.842	2.844	2.840	2.831	2.813	2.840	2.848
2014	2.839	2.841	2.837	2.830	2.815	2.836	2.847
2015	2.838	2.839	2.838	2.829	2.815	2.834	2.850
2016	2.841	2.842	2.840	2.832	2.819	2.835	2.857
2017	2.847	2.848	2.848	2.838	2.827	2.841	2.864

资料来源：由笔者根据样本数据整理而成。

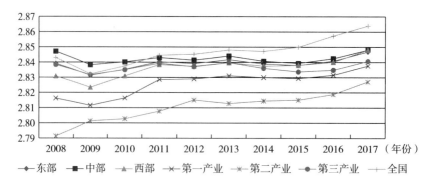

图 4 - 1 TFP 变化趋势

资料来源：由笔者根据样本数据整理而成。

结合表 4 - 2 和图 4 - 1，采用 LP 方法测算得出的全国企业 TFP 从 2008 年的 2.839 提高到 2017 年的 2.847，从中可以看出 2008~2017 年整体呈上升趋势；从分区域样本来看，各区域企业 TFP 中，东部地区高于全国平均水平，而中西部地区则不然，其中西部最低，但所有区域均呈现上升趋势，这与张唯实和李国璋（2010）的实证结论是一致的；从分产业样本情况来看，第三产业中企业 TFP 高于全国平均水平，且增长较快，第二产业中企业 TFP 自 2011 年以后开始出现下滑，尤其是 2013 年以后，与全国平均水平差距呈现逐年增大趋势，相比之下，第一产业中企业 TFP 保持了较好的增长态势，而第二产业则不然。此外，通过比较还发现，2012 年，三次产业中企业 TFP 均呈现转折，与此同时 GDP 增速首次破八，我国经济发展方式面临新的更大的调整。

第二节 研究设计

从减少变量自身误差、减少遗漏变量、选择借助工具变量和计量方法等方面阐述本章处理内生性的基本思想，构建模型并进行基本数据处理。

一、内生性处理

本章的主要目的在于研究财税激励对企业 TFP 的影响，而内生性问题是构建模型时需要重点考虑的问题。目前常用的处理方法有实验法、准实验法、DID、工具变量法、文本计量等方法，结合内生性的来源，通过价格平减、异常值处理、缩尾处理等减少变量自身误差，尝试在对各类影响因素进行梳理的基础上，尽可能找出影响因素并在模型中进行控制，从而减少遗漏变量，借助工具变量解决模型中的反向因果问题，同时采用有利于解决内生变量与残差项相关性的两步法 GMM 方法进行计量分析。此外，采用 OP 方法、LP 方法测算 TFP，消除财税政策制定和实施时因企业非随机决策时带来的选择性偏误、同时性偏误，及由此引发的内生性问题。

二、变量定义

以企业 TFP（lntfp_ lps）为被解释变量（为简便起见，后文中对取自然对数后的变量，仅在变量前加相应的符号"ln"来表示，而不再加入"自然对数"进行文字说明），代理变量主要采用 tfp_ ops，第一节中已经进行测算，并按照全样本、分区域样本、产业样本进行了统计，在计量过程中取自然对数，后文中不再赘述。在现有的研究中，财税激励主要采用财政补贴、税收优惠、低息贷款等进行衡量，借鉴前人的研究，采用财政补贴率（Rfinsub）和实际税收优惠率（Rtaxincent）两个指标作为核心解释变量，不设置交叉项（宋凌云和王贤彬，2017；李骏等，2017），根据前文的文献梳理和理论论证，预期财政补贴率和实际税收优惠率均与企业 TFP 负相关（见表 4－3）。

表 4－3　解释变量的定义

解释变量名称	解释变量符号	解释变量定义	预期符号
财政补贴率	rfinsub	（政府补助－税收返还、减免）/营业总收入，作为代理变量，被减项可采用税收优惠代替	－
实际税收优惠率	rtaxincent	税收优惠/营业总收入，在 Aghion 等（2015）、宋凌云、王贤彬（2017）等研究的基础上，税收优惠按企业法定税额扣除实际应交所得税计算，内资企业和外资企业税率分别采用33%和15%计算	－

资料来源：由笔者在前人研究的基础上提出。

借鉴胡春阳（2018）、胡春阳和余泳泽（2019）、柳光强（2016）、张莉和李绍东（2016）、杨畅和李寒娜（2014）、梁会君和史长宽（2014）、张祥建等

（2015）的研究成果，归纳高频使用的反映企业特征、市场和制度环境的变量，形成控制变量体系如表4-4所示。

表4-4 控制变量的定义

控制变量名称		控制变量符号	控制变量定义	预期符号
企业特征	企业规模	size	用总资产自然对数表示	+
	财务杠杆	lve	用总负债/总资产表示	+
	资本密集度	incap	用固定资产/总资产表示	+
	资产周转率	turnasset	用营业总收入/总资产表示	+
	人均固定资产	lnfap	取人均固定资产的自然对数	+
	托宾Q	tobinq	用（证监会算法总市值+总负债）/总资产表示	+
	技术人员人数占比	rtech	——	+
	现金流量	cf	用经营活动产生的现金流量净额/总资产表示	+
环境特征	出口规模	xm	用出口/营业总收入表示	-
	企业真实Lerner指数	lerreal	剔除不在（0，1]区间的结果	-
	行政人员人数占比	radmin	——	-
	第一大股东持股比例	soo	——	-
	前十大股东持股比例合计	sot	——	待定
其他	所有制属性虚拟变量	soe	国有企业 soe =1，其他 soe =0	
	年份虚拟变量	year	2008～2017年共设9个虚拟变量	
	区域虚拟变量	reg	三大区域共设2个虚拟变量	
	产业虚拟变量	ind	三次产业共设2个虚拟变量	

资料来源：由笔者在前人研究的基础上提出。

其中企业真实Lerner指数在第三章中已经进行了论证，企业真实Lerner指数参照胡春阳（2018）的方法进行计算，其目的在于修正国有企业由于制度因素造成的市场势力偏离，也正因为如此，企业真实Lerner指数既反映企业在市场中的位势，又起到平抑国有企业与其他非国有企业之间制度差异的作用，因而引入企业真实Lerner指数后第一大股东持股比例和前十大股东持股比例合计影响较小，一些研究也表明其影响并不显著，因此本章后文中不再列出。事实上，第五章和第六章中加入第一大股东持股比例和前十大股东持股比例合计作为控制变量的实证结果也表明了这一点。

三、模型构建及数据处理

1. 模型构建

由于本章的面板数据截面维度（n）大于时间维度（T），首先利用短面板静态模型进行回归，进而构建考虑内生性、异方差、遗漏变量等的 GMM 模型，并利用被解释变量代理变量检验模型和计量结果的稳健性。而在上一节中，通过 OP 方法、LP 方法等半参数测算企业 TFP，也起到了减少选择性偏误、遗漏变量，以及因非随机决策带来的同时性偏误的作用。

首先，构建如式（4-5）所示短面板静态模型：

$$
\begin{aligned}
lntfp\_lps_{it} = {} & \alpha_0 + \beta_1 rfinsub_{it} + \beta_2 rtaxincent_{it} + \gamma_1 size_{it} + \gamma_2 lve_{it} + \gamma_3 incap_{it} + \\
& \gamma_4 turnasset_{it} + \gamma_5 lnfap_{it} + \gamma_6 tobinq_{it} + \gamma_7 rtech_{it} + \gamma_8 cf_{it} + \\
& \gamma_9 xm_{it} + \gamma_9 xm_{it} + \gamma_{10} lerreal_{it} + \gamma_{11} radm_{it} + \delta_1 \sum year + \\
& \delta_2 \sum ind + \delta_3 \sum reg + u_i + \varepsilon_{it}
\end{aligned}
\tag{4-5}
$$

其中，i 企业受所处区域、产业及年份影响，u_i 为 i 企业个体异质性截距项，ε_{it} 为随机误差项，其余被解释变量、核心解释变量和控制变量见上文定义。按惯例对混合回归、固定效应、随机效应三种模型进行比较以检验个体效应和随机效应。

其次，构建如式（4-6）所示考虑内生性、异方差、遗漏变量等的模型，对企业 TFP 和财政补贴率、实际税收优惠率进行回归：

$$
\begin{aligned}
lntfp\_lps_{it} = {} & \alpha_0 + \alpha_1 lntfp\_lps_{i,t-1} + \beta_1 rfinsub_{it} + \beta_2 rtaxincent_{it} + \\
& \gamma_1 size_{it} + \gamma_2 lve_{it} + \gamma_3 incap_{it} + \gamma_4 turnasset_{it} + \gamma_5 lnfap_{it} + \\
& \gamma_6 tobinq_{it} + \gamma_7 rtech_{it} + \gamma_8 cf_{it} + \gamma_9 xm_{it} + \gamma_9 xm_{it} + \\
& \gamma_{10} lerreal_{it} + \gamma_{11} radm_{it} + \delta z_i + v_i + \mu_{it}
\end{aligned}
\tag{4-6}
$$

其中，z_i 为企业所处区域、产业及年份，v_i 为 i 企业个体效应，μ_{it} 为随机误差项。采用财政补贴率的滞后一期（1. rfinsub）作为工具变量代理部分遗漏变量，同时解决企业 TFP 和财政补贴率、实际税收优惠率之间的内生性问题。

此外，构建如式（4-7）所示的模型进行稳健性检验：

$$
\begin{aligned}
lntfp\_ops_{it} = {} & \alpha_0 + \alpha_1 lntfp\_ops_{i,t-1} + \beta_1 rfinsub_{it} + \beta_2 rtaxincent_{it} + \\
& \gamma_1 size_{it} + \gamma_2 lve_{it} + \gamma_3 incap_{it} + \gamma_4 turnasset_{it} + \gamma_5 lnfap_{it} + \\
& \gamma_6 tobinq_{it} + \gamma_7 rtech_{it} + \gamma_8 cf_{it} + \gamma_9 xm_{it} + \gamma_9 xm_{it} +
\end{aligned}
$$

$$\gamma_{10}\text{lerreal}_{it} + \gamma_{11}\text{radm}_{it} + \delta z_i + v_i + \mu_{it} \qquad (4-7)$$

2. 数据处理

首先，对 Wind 金融数据库中的样本进行筛选：①剔除明显出现逻辑或记录错误的数据，如国有股比例大于 100、正指标中为负值、负指标中为正值等；②剔除基本运算中存在缺项的指标值；③剔除极端异常值，如远远大于均值的指标值；④剔除 ST 股；⑤提出金融业以及行业性质复杂且样本数量少的行业。考虑到西藏样本数量较少，尽管西藏固定资产投资平减指数缺失，此处不再做处理，但将在第五章空间计量部分给予剔除。

其次，对所有非标准化的指标按省份进行价格平减，与资本有关的指标用固定资产投资价格指数进行平减，与收入成本有关的用消费价格指数进行平减，其中固定资产折旧（gdzczj）、固定资产（gdzc）、固定资产净值（ngdzc）、固定资产折旧（depre）、资本性支出（zbxzc）、非流动资产总额（fldzcze）等通过固定资产投资价格指数平减，总资产（toasset）、总市值（tmv，证监会算法）、净利润（netpro）、利润总额（tprof）、营业利润（yylr）、公司购买商品、接受劳务实际支付的现金（material）、主营业务成本（mbc）、营业总收入（sale）、主营业务收入（mbi）、税金及附加（sjfj）、支付给职工以及为职工支付的现金（zggz）、政府补助（gsub）、税收返还（taxret）、企业所得税（intax）、总负债（toliability）、经营活动产生的现金流量净额（netcashflow）、海外业务收入（export）等通过消费者价格指数进行平减。通过查阅历年《中国统计年鉴》获得全国及分地区按上年＝100 计算的消费价格指数（见附录1）和固定资产投资价格指数（见附录2），并折算成以 2007 年为基期的指数（见附录3和附录4）。

第三节　财税激励对企业 TFP 影响的实证分析

在明确全样本主要变量基本统计特征的基础上，进行全样本、分区域样本、分产业样本中财税激励影响企业 TFP 的两步法 GMM 回归分析和代理变量稳健性检验，并将分区域样本和分产业样本的回归结果进行比较分析，明确财税激励影响的区域和产业差异及原因。

一、财税激励对企业 TFP 影响的全样本分析

1. 主要变量基本统计特征

首先列出全样本 2008~2017 年主要变量的基本统计特征（见表 4-5）。

表 4-5　主要变量的基本统计特征

变量	观测数	均值	标准差	最小值	最大值
tfp_lps	26581	2.837	0.072	1.850	3.122
tfp_ops	29927	2.296	0.111	1.087	2.717
rfinsub	20481	0.009	0.013	0	0.10
rtaxincent	22728	0.029	0.038	-0.150	0.150
size	31553	21.426	1.615	10.788	30.633
lve	31551	0.486	1.471	0.002	142.718
intencap	31506	0.224	0.172	$1.0e-4$	1.046
turnasset	26448	0.599	0.421	0.003	3.427
lnfap	30567	12.134	1.247	3.964	19.542
tobinq	30660	2.194	1.846	0.037	14.180
rtech	19025	20.383	17.626	0.1249	96.600
cf	31255	0.053	0.088	-0.415	0.458
xm	13201	0.203	0.216	$4.0e-4$	0.997
lerreal	30209	0.305	0.184	-0.004	1
radmin	15174	12.286	9.265	0.22	100
soo	25621	35.945	16.067	0.01	100
sot	24636	58.462	16.671	1.32	100

资料来源：由笔者根据样本数据整理而成。

根据表 4-5，被解释变量中，采用 LP 方法和 OP 方法测算的 tfp_lps 和 tfp_ops 的均值分别为 2.837 和 2.296，解释变量中，财政补贴率较小，表明税收返还占企业营业总收入比例较小，而实际税收优惠率的统计特征值较大，这是由于依照通常的做法将企业所得税与利润总额而非营业总收入进行比较的原因。此外，表 4-5 中还列出了主要控制变量的基本统计特征。

2. 两步法 GMM 回归分析

考虑到企业 TFP 和财政补贴率、实际税收优惠率之间存在的内生性问题，以

及惯性或部分调整可能导致企业 TFP 中存在动态滞后效应，使企业当期 TFP 受前期 TFP 的影响，基于面板数据建立回归模型，构建两步法 GMM 模型检验企业 TFP 和财政补贴率、实际税收优惠率之间的关系，将财政补贴率的滞后一期 (1. rfinsub) 作为工具变量代理部分遗漏变量，解决与企业 TFP 之间由于可能存在双向因果关系而产生的内生性问题，并反映财政补贴的自身惯性，同时克服随机误差项中可能存在的系列相关及异方差。考察模型的有效性，在方程（16）中正则相关 LR 统计量为 1514.276，显著性水平为 1%，强烈拒绝不可识别的原假设，Cragg - Donald Wald F 统计量为 1673.711，远远大于 16.38，真实显著性水平较低，从而不存在弱工具变量问题，由于方程中只采用了一个工具变量，因而也不存在过度识别。同样，方程（2）至方程（15）均通过了不可识别检验和弱工具变量检验。

表 4 - 6 中列出了各方程中核心解释变量和控制变量的回归情况。具体而言，在核心解释变量中，财政补贴率在各方程中均在 1% 显著性水平下与企业 TFP 负相关，以方程（15）为例，财政补贴率与企业 TFP 的回归系数为 - 0. 435，显著性 P 值为 0.000，财政补贴率并未对企业 TFP 产生积极的推动作用，实际税收优惠率的回归系数也显著为负，从而财税激励整体上抑制了企业 TFP 的提升，H_1 成立。

在控制变量中，企业规模、财务杠杆在方程（1）至方程（15）中显著为正，表明企业规模和财务杠杆对企业 TFP 具有积极的推动作用。企业规模作为重要的企业特征，其大小主要体现在营业收入、从业人数、资产总额等方面，同时也间接反映企业生产方式、技术积累及所处的生命周期等情况，在特定情境下可能对企业效率具有调节效应（张天顶和张晓欢，2016），而现有的研究成果不支持营业收入与企业效率之间的显著相关关系，从业人员因知识、技能、经验等的不同，因而对企业效率的影响也不能一概而论，人员严重冗余甚至成为企业效率下降的重要原因。张莉和李绍东（2016）基于 2008 ~ 2014 年中国工业企业数据库数据的固定效应回归分析表明，企业规模与企业效率之间显著正相关，而李丽丽等（2013）的结论则相反。

本章采用总资产的自然对数来衡量企业规模，得出企业规模与企业 TFP 之间存在正向关系，这可能是由于大中型企业在长期的生产经营过程中已经形成了有效的生产规模，企业生产方式更符合经济实际，且积累的技术也有利于提高生产率。

表 4 - 6　两步法 GMM 回归结果

解释变量	(1)	(2)	(3)	(4)	(5)	(6)	(7)	(8)	(9)	(10)	(11)	(12)	(13)	(14)	(15)
rfinsub	-0.568*** (0.119)	-0.457*** (0.065)	-0.582*** (0.063)	-0.512*** (0.062)	-0.220*** (0.032)	-0.223*** (0.032)	-0.229** (0.033)	-0.270*** (0.033)	-0.273*** (0.033)	-0.286*** (0.038)	-0.368*** (0.035)	-0.440*** (0.043)	-0.433*** (0.042)	-0.442*** (0.043)	-0.435*** (0.042)
rtaxincent	-1.057*** (0.106)	-0.704*** (0.059)	-0.758*** (0.057)	-0.714*** (0.057)	-0.234*** (0.030)	-0.236*** (0.029)	-0.245* (0.031)	-0.265*** (0.031)	-0.273*** (0.031)	-0.274*** (0.036)	-0.299*** (0.034)	-0.368*** (0.042)	-0.359*** (0.040)	-0.377*** (0.042)	-0.367*** (0.040)
size		0.038*** (2.13e-4)	0.036*** (2.42e-4)	0.036*** (2.41e-4)	0.039*** (1.25e-4)	0.038*** (1.27e-4)	0.038*** (1.31e-4)	0.038*** (1.41e-4)	0.038*** (1.42e-4)	0.038*** (1.72e-4)	0.038*** (1.69e-4)	0.038*** (0.021)	0.038*** (2.10e-4)	0.038*** (2.07e-4)	0.038*** (2.09e-4)
lve			0.023*** (1.63e-3)	0.023*** (1.61e-3)	0.007*** (8.24e-4)	0.007*** (8.02e-4)	0.007*** (8.25e-4)	0.011*** (8.90e-4)	0.011*** (8.90e-4)	0.011*** (0.001)	0.010*** (0.001)	0.010*** (0.001)	0.009*** (0.001)	0.009*** (0.001)	0.009*** (0.001)
incap				-0.032*** (0.002)	-0.030*** (7.90e-4)	-0.050*** (0.001)	-0.050*** (0.001)	-0.045*** (0.001)	-0.047*** (0.001)	-0.044*** (0.002)	-0.044*** (0.002)	-0.036*** (0.002)	-0.036*** (0.002)	-0.036*** (0.002)	-0.035*** (0.002)
turnasset					0.067*** (3.84e-4)	0.069*** (3.82e-4)	0.068*** (3.87e-4)	0.070*** (4.16e-4)	0.070*** (4.25e-4)	0.069*** (5.43e-4)	0.065*** (5.34e-4)	0.065*** (6.17e-4)	0.065*** (6.16e-4)	0.066*** (6.42e-4)	0.065*** (6.42e-4)
lnfap						0.0046*** (1.59e-4)	0.0046*** (1.60e-4)	0.004*** (1.77e-4)	0.004*** (1.78e-4)	0.005*** (2.39e-4)	0.004*** (2.37e-4)	0.003*** (2.87e-4)	0.003*** (2.86e-4)	0.003*** (2.90e-4)	0.003*** (2.89e-4)
tobinq							1.85e-5 (8.14e-5)	5.45e-6 (8.62e-5)	-9.48e-6 (8.61e-5)	-1.13e-5 (1.02e-4)	2.85e-4*** (9.94e-5)	2.69e-4*** (1.17e-4)	3.50e-4*** (1.30e-4)	2.81e-4*** (1.16e-4)	3.70e-4*** (1.29e-4)
rtech								9.12e-4*** (8.09e-6)	9.17e-4*** (8.08e-6)	9.59e-5*** (1.08e-5)	9.38e-5*** (1.05e-5)	1.30e-4*** (1.32e-5)	1.30e-4*** (1.31e-5)	1.27e-4*** (1.44e-5)	1.2e-4*** (1.44e-5)
cf									0.010*** (0.002)	0.015*** (0.003)	*0.021*** (0.003)	0.024*** (0.003)	0.022*** (0.003)	0.023*** (0.003)	0.021*** (0.003)

续表

解释变量	(1)	(2)	(3)	(4)	(5)	(6)	(7)	(8)	(9)	(10)	(11)	(12)	(13)	(14)	(15)
xm										-0.002*** (7.44e-4)	-0.003*** (7.26e-4)	-0.004*** (8.36e-4)	-0.004*** (8.41e-4)	-0.003*** (8.31e-4)	-0.003*** (8.36e-4)
lerreal											-0.023*** (1.50e-3)	-0.023*** (1.69e-3)	-0.024*** (1.68e-3)	-0.022*** (1.70e-3)	-0.022*** (1.69e-3)
radmin												1.78e-4 (2.9e-5)	1.81e-4*** (2.94e-5)	1.84e-4*** (2.93e-5)	1.85e-4*** (2.93e-5)
c	2.868*** (0.001)	2.036*** (0.005)	2.205*** (0.005)	2.069*** (0.005)	2.067*** (0.003)	1.939*** (0.003)	1.940*** (0.003)	1.937*** (0.003)	1.938*** (0.003)	1.931*** (0.004)	1.938** (0.004)	1.945*** (0.005)	1.924*** (0.010)	1.943*** (0.005)	1.928*** (0.011)
ind	—	—	—	—	—	—	—					—	控制	—	控制
year	—	—	—	—	—	—	—					—	—	控制	控制
观测值	15868	15868	15868	15868	15769	15769	15557	13080	13032	7209	7066	5564	5564	5564	5564
Anderson 正则检验 (P Value)	1514.28*** (0.000)	1536.33*** (0.000)	1595.15*** (0.000)	1581.51*** (0.000)	1553.15*** (0.000)	1553.52*** (0.000)	1483.63*** (0.000)	1320.78*** (0.000)	1329.43*** (0.000)	845.96*** (0.000)	911.44*** (0.000)	647.94*** (0.000)	707.36*** (0.000)	647.00*** (0.000)	709.64*** (0.000)
Cragg–Donald Wald F 检验	1673.711	1700.595	1772.867	1755.912	1722.076	1722.414	1639.086	1468.004	1479.205	956.837	1044.489	731.493	807.327	728.192	807.967

注：①解释变量对应括号内为估计值的标准误；②***、**和*分别表示在1%、5%和10%的水平上显著。

资料来源：由笔者分析并整理而成。

此外，企业规模越大越容易获得政府、银行的财税、信贷支持，一定程度上促进了其生产率的提升，而小微企业体量小难以规模化生产，且在经营过程中存在招工难、融资难、税费多、监管多等困难，生产经营成本高、效率不足、政策缺位，是导致其生产率不足的重要原因。财务杠杆反映企业资产负债情况，当企业负债率高企，将大大增加银行的授信风险，从而提高企业信贷融资成本，限制其生产经营活动，许多研究表明负债严重、经营困难的企业更有提升生产率的内在动力。

　　此外，资产周转率、人均固定资产、托宾 Q、技术人员人数占比、现金流量的回归系数在各方程中均显著为正，这是符合预期的，资本密集度（intencap）、出口规模、企业真实 Lerner 指数回归系数在各方程中均显著为负，资本密集度（intencap）与企业 TFP 的反向关系反映的是生产率悖论现象，与企业所有制类型（唐杰英，2011；徐蕾和尹翔硕，2012）、所属行业及规模等密切相关（李春顶，2010），企业出口规模与企业 TFP 之间也存在这种生产率悖论现象，两者之间显著负相关，梁会君和史长宽（2014）以不同要素密集度的制造业为例，对我国出口"生产率悖论"及分异性进行了分析。市场势力的定义决定了其不太可能成为企业生产率提升的原因，因而企业真实 Lerner 指数回归系数在各方程中显著为负也是符合预期的。

　　在所有的控制变量中，回归系数绝对值最大的依次为资产周转率、企业规模、人均固定资产、企业真实 Lerner 指数和现金流量，这些变量是影响企业 TFP 的关键因素，以方程（15）为例，其回归系数分别为 0.065、0.038、 -0.035、 -0.022 和 0.021，显著性 P 值均为 0.000，最小的依次为前十大股东持股比例合计、第一大股东持股比例、行政人员人数占比（radmin）、技术人员人数占比、托宾 Q，其回归系数分别为 -0.0000355、0.0000539、0.000195、0.000125 和 0.000350，考虑到前十大股东持股比例合计和第一大股东持股比例的影响较小，在后文中不再列出。从方程（12）至方程（15）来看，当所有控制变量加入后，财政补贴率（rfinsub）的回归系数依次为 -0.440、 -0.433、 -0.442 和 -0.435，实际税收优惠率的回归系数依次为 -0.368、 -0.359、 -0.377 和 -0.367，几乎不再发生变化，从而模型回归的结果较稳定，财税激励不利于企业 TFP 的提升。

　　3. 稳健性检验

　　前文中采用两步法 GMM 对企业 TFP 与财政补贴率、实际税收优惠率进行了回归分析。为进一步检验回归结果的有效性和可靠性，将 lntfp_ ops 作为被解释变量的代理变量进行稳健性检验，依然将财政补贴率的滞后一期作为工具变量，采用两步法 GMM 法进行估计，表 4 - 7 下半部分列出了各方程正则相关检验和弱工具变量检验的情况，显然所有方程均通过了不可识别检验和弱工具变量检验，表明模型设置较合理，表 4 - 7 上半部分为各方程与核心解释变量和控制变量的回归分析结果。

在表 4 - 7 中，核心解释变量中，财政补贴率和实际税收优惠率在各方程中均在 1% 显著性水平下与企业 TFP 负相关，且与表 4 - 6 中的回归系数差别不大，表明财税激励与企业 TFP 之间存在较显著的负相关关系。而从控制变量回归情况来看，除资本密集度（intencap）、托宾 Q、技术人员人数占比、行政人员人数占比（radmin）在部分方程中的回归系数显著性或符号存在一定差异之外，其余控制变量回归系数的显著性和符号与表 4 - 6 均是一致的，从而表明前文的结论是稳健的。

采用两步法 GMM 进行分析之前，在对混合 OLS、固定效应和随机效应等模型进行比较的基础上，采用固定效应模型进行基础性回归，结果表明，随着控制变量的增加，财政补贴率的回归系数由 - 0. 425 逐步调整到 - 0. 117，该系数在所有回归方程中均是显著的，同样，随着控制变量的增加，实际税收优惠率的回归系数也是显著的，且符号为负，从控制变量来看，所有变量在不同方程中回归系数的符号未发生变化，显著性也基本保持了一致。

二、财税激励对企业 TFP 影响的分区域样本分析

1. 两步法 GMM 回归分析

在第一节中，对财政补贴率和实际税收优惠率与企业 TFP 进行了全样本分析，但区域上的差异可能引起经济系统外生属性的变化，从而影响财税激励与企业 TFP 之间的关系，因此本节拟进行分区域样本分析。按东部、中部、西部将全样本划分为三个分样本，采用 lntfp_ lps 作为被解释变量，选取财政补贴率的滞后一期作为工具变量，利用两步法 GMM 进行基本回归。由于第二节中已经通过逐项增加控制变量对模型设置的合理性进行了检验，为节约篇幅，本节中仅列出包含全部控制变量的模型回归结果。

表 4 - 8 下半部分列出了各方程的不可识别检验和弱工具变量检验情况，显然，对东部分样本的检验结果仍表明模型设置具有合理性。表 4 - 8 上部分列出了方程（31）至方程（34）的回归情况，在方程（31）中，解释变量财政补贴率（rfinsub）

表 4 - 7　两步法 GMM 稳健性检验结果

解释变量	(16)	(17)	(18)	(19)	(20)	(21)	(22)	(23)	(24)	(25)	(26)	(27)	(28)	(29)	(30)
rfinsub	-0.877***	-0.941***	-1.147***	-1.004***	-0.515***	-0.512***	-0.529***	-0.565***	-0.558***	-0.603***	-0.792***	-0.768***	-0.516***	-0.769***	-0.514***
	(0.186)	(0.128)	(0.126)	(0.124)	(0.096)	(0.092)	(0.094)	(0.098)	(0.098)	(0.108)	(0.102)	(0.121)	(0.101)	(0.121)	(0.100)
rtaxincent	-1.800***	-1.441***	-1.528***	-1.433***	-0.687***	-0.682***	-0.675***	-0.733***	-0.746***	-0.677***	-0.680***	-0.684***	-0.347***	-0.684***	-0.342***
	(0.166)	(0.116)	(0.115)	(0.113)	(0.090)	(0.086)	(0.088)	(0.093)	(0.093)	(0.103)	(0.098)	(0.118)	(0.097)	(0.117)	(0.096)
size		0.052***	0.049***	0.050***	0.054***	0.058***	0.056***	0.057***	0.057***	0.057***	0.057***	0.057***	0.060***	0.057***	0.060***
		(4.41e-4)	(5.00e-4)	(4.94e-4)	(3.82e-4)	(3.80e-4)	(3.86e-4)	(4.30e-4)	(4.32e-4)	(4.95e-4)	(4.87e-4)	(5.84e-4)	(5.04e-4)	(5.83e-4)	(5.02e-4)
lve			0.038***	0.037***	0.014***	0.014***	0.010***	0.003	0.005*	0.013***	0.009***	0.015***	0.007***	0.019***	0.011***
			(0.003)	(0.00326)	(0.002)	(0.002)	(0.002)	(0.003)	(0.003)	(0.003)	(0.003)	(0.003)	(0.003)	(0.003)	(0.003)
incap				-0.074***	-0.070***	0.009***	0.008***	0.002	-0.003	0.004	0.004	0.005	0.013***	-0.001	0.006
				(0.003)	(0.00238)	(0.003)	(0.003)	(0.003)	(0.004)	(0.005)	(0.005)	(0.005)	(0.004)	(0.005)	(0.004)
turnasset					0.101***	0.093***	0.092***	0.094***	0.093***	0.083***	0.071***	0.071***	0.071***	0.073***	0.073***
					(0.001)	(0.001)	(0.001)	(4.16e-4)	(0.001)	(0.002)	(0.002)	(0.002)	(0.001)	(0.002)	(0.002)
lnfap						-0.018***	-0.018***	-0.018***	-0.017***	-0.018***	-0.020***	-0.020***	-0.020***	-0.020***	-0.021***
						(4.71e-4)	(4.68e-4)	(5.33e-4)	(5.36e-4)	(6.82e-4)	(6.80e-4)	(8.05e-4)	(6.87e-4)	(8.16e-4)	(6.94e-4)
tobinq							-0.003***	-0.003***	-0.003***	-0.003***	-0.002***	-0.020***	-0.020***	-0.020***	-0.020***
							(2.36e-4)	(2.58e-4)	(2.58e-4)	(2.90e-4)	(6.80e-4)	(8.05e-4)	(6.87e-4)	(8.16e-4)	(6.94e-4)
rtech								-4.74e-5*	-4.25e-5*	-5.53e-5*	7.90e-6	2.16e-5	-1.74e-7	6.63e-5	4.00e-5
								(2.43e-5)	(2.43e-5)	(3.08e-5)	(3.03e-5)	(3.71e-5)	(3.16e-5)	(4.08e-5)	(3.46e-5)
cf									0.035***	0.008	0.036***	0.058***	-0.016**	0.055***	-0.020**
									(0.006)	(0.008)	(0.008)	(0.009)	(0.008)	(0.009)	(0.008)

续表

解释变量	(16)	(17)	(18)	(19)	(20)	(21)	(22)	(23)	(24)	(25)	(26)	(27)	(28)	(29)	(30)
xm										0.024*** (0.002)	0.020*** (0.002)	0.020*** (0.002)	0.011*** (0.002)	0.020*** (0.002)	0.011*** (0.002)
lerreal											-0.095*** (0.00433)	-0.095*** (0.005)	-0.102*** (0.004)	-0.095*** (0.005)	-0.102*** (0.004)
radmin												-4.39e-5 (8.26e-5)	-4.02e-5 (7.06e-5)	1.59e-5 (8.27e-5)	3.0e-5*** (7.03e-5)
c	2.354*** (0.002)	1.200** (0.010)	1.251*** (0.011)	1.243*** (0.011)	1.107*** (0.008)	1.224*** (0.009)	1.268*** (0.009)	1.252*** (0.010)	1.253*** (0.010)	1.246*** (0.011)	1.309*** (0.011)	1.298*** (0.013)	1.244*** (0.025)	1.307*** (0.014)	1.271*** (0.026)
ind	—	—	—	—	—	—	—	—	—	—	—	—	控制	控制	控制
year	—	—	—	—	—	—	—	—	—	—	—	—	控制	控制	控制
观测值	15746	15746	15746	15746	15647	15647	15435	13015	12972	7193	7063	5561	5561	5561	5561
Anderson 正则检验 (P Value)	1519.5*** (0.000)	1557.3*** (0.000)	1618.0*** (0.000)	1605.8*** (0.000)	1568.3*** (0.000)	1568.6*** (0.000)	1498.4*** (0.000)	1341.3*** (0.000)	1350.7*** (0.000)	848.6*** (0.000)	910.4*** (0.000)	647.1*** (0.000)	706.1*** (0.000)	646.5*** (0.000)	708.9*** (0.000)
Cragg–Donald Wald F检验	1681.457	1727.752	1802.712	1787.470	1742.201	1742.414	1658.499	1494.259	1506.345	960.482	1043.199	730.456	805.724	727.62	807.025

注：①解释变量对应括号内为估计值的标准误；②***、**和*分别表示在1%、5%和10%的水平上显著。

资料来源：由笔者分析并整理而成。

和实际税收优惠率的回归系数分别为 - 0.436 和 - 0.365，显著性 P 值均为 0.000，表明不控制行业和年份时，东部财政补贴率（rfinsub）和实际税收优惠率与企业 TFP 之间负相关，方程（33）至方程（34）分别列出了控制年份、行业以及同时控制年份和行业时的回归情况，显然，是否控制年份和行业对回归结果影响不大。与上一节比较发现，东部分样本中解释变量的回归系数与全样本分析非常接近，多数控制变量回归系数的显著性和大小也较接近，这是由于东部样本数量较多，东部企业在很大程度上代表了全国企业的平均情况，从而东部财税激励不利于企业 TFP 提升。

表 4 - 8　东部分样本两步法 GMM 回归结果

解释变量	（31）	（32）	（33）	（34）
rfinsub	- 0.436 ***	- 0.431 ***	- 0.445 ***	- 0.439 ***
	(0.056)	(0.054)	(0.055)	(0.054)
rtaxincent	- 0.365 ***	- 0.356 ***	- 0.378 ***	- 0.369 ***
	(0.054)	(0.052)	(0.053)	(0.051)
size	0.038 ***	0.038 ***	0.038 ***	0.038 ***
	(2.28e - 4)	(2.30e - 4)	(2.27e - 4)	(2.29e - 4)
lve	0.009 ***	0.009 **	0.009 ***	0.008 ***
	(0.001)	(0.001)	(0.001)	(0.001)
incap	- 0.040 ***	- 0.040 ***	- 0.039 ***	- 0.039 ***
	(0.002)	(0.002)	(0.002)	(0.002)
tobinq	2.63e - 4 **	3.15e - 4 **	2.64e - 4 **	3.19e - 4 **
	(1.27e - 4)	(1.42e - 4)	(1.27e - 4)	(1.41e - 4)
rtech	1.27e - 4 ***	1.25e - 4 ***	1.33e - 4 ***	1.31e - 4 ***
	(1.44e - 5)	(1.43e - 5)	(1.60e - 5)	(1.59e - 5)
cf	0.022 ***	0.020 ***	0.021 ***	0.018 ***
	(0.003)	(0.004)	(0.003)	(0.004)
xm	- 0.004 ***	- 0.005 ***	- 0.004 ***	- 0.004 ***
	(9.07e - 4)	(9.10e - 4)	(9.02e - 4)	(9.06e - 4)
lerreal	- 0.025 ***	- 0.025 ***	- 0.024 ***	- 0.024 ***
	(0.002)	(0.002)	(0.002)	(0.002)
radmin	1.98e - 4 ***	2.01e - 4 ***	2.12e - 4 ***	2.14e - 4 ***
	(3.25e - 5)	(3.25e - 5)	(3.25e - 5)	(3.24e - 5)

续表

解释变量	(31)	(32)	(33)	(34)
c	1. 942 ***	1. 920 ***	1. 934 ***	1. 921 ***
	(0. 005)	(0. 011)	(0. 006)	(0. 011)
ind	—	控制	—	控制
year	—	—	控制	控制
观测值	4268	4268	4268	4268
Anderson 正则相关检验 (P Value)	425. 749 *** (0. 000)	462. 139 *** (0. 000)	425. 525 *** (0. 000)	464. 435 *** (0. 000)
Cragg – Donald Wald F 检验	471. 374	515. 705	469. 326	516. 627

注：①解释变量对应括号内为估计值的标准误；②＊＊＊、＊＊和＊分别表示在1％、5％和10％的水平上显著。

资料来源：由笔者分析并整理而成。

同样，本章还对中部和西部两个分样本进行了回归，其结果如表4-9和表4-10所示：

表4-9 中部分样本两步法 GMM 回归结果

解释变量	(35)	(36)	(37)	(38)
rfinsub	- 0. 283 ***	- 0. 283 ***	- 0. 268 ***	- 0. 269 ***
	(0. 077)	(0. 073)	(0. 074)	(0. 071)
rtaxincent	- 0. 202 ***	- 0. 205 ***	- 0. 193 ***	- 0. 199 ***
	(0. 078)	(0. 073)	(0. 076)	(0. 071)
size	0. 037 ***	0. 037 ***	0. 037 ***	0. 037 ***
	(5. 47e - 4)	(5. 61e - 4)	(5. 50e - 4)	(5. 65e - 4)
lve	0. 014 ***	0. 014 ***	0. 013 ***	0. 013 ***
	(0. 003)	(0. 003)	(0. 003)	(0. 003)
incap	- 0. 027 ***	- 0. 027 ***	- 0. 027 ***	- 0. 025 ***
	(0. 004)	(0. 005)	(0. 005)	(0. 005)
turnasset	0. 071 ***	0. 071 ***	0. 071 ***	0. 071 ***
	(1. 55e - 3)	(1. 55e - 3)	(1. 58e - 3)	(1. 57e - 3)

续表

解释变量	(35)	(36)	(37)	(38)
lnfap	0.002 ***	0.002 ***	0.003 ***	0.003 ***
	(7.97e－4)	(7.97e－4)	(8.42e－4)	(8.43e－4)
tobinq	－1.91e－4	－2.58e－4	－1.09e－4	－1.71e－4
	(3.40e－4)	(3.72e－4)	(3.34e－4)	(3.66e－4)
rtech	1.38e－4 ***	1.36e－4 ***	9.33e－5 ***	9.18e－5 ***
	(4.09e－5)	(4.10e－5)	(4.35e－5)	(4.36e－5)
cf	0.016 **	0.018 **	0.013 **	0.015 **
	(0.007)	(0.008)	(0.007)	(0.008)
xm	－0.004	－0.004	－0.004	－0.004
	(0.003)	(0.003)	(0.003)	(0.003)
lerreal	－0.02 ***	－0.020 ***	－0.017 ***	－0.017 ***
	(0.004)	(0.004)	(0.004)	(0.004)
radmin	7.73e－5	7.77e－5	2.52e－5	2.42e－5
	(7.41e－5)	(7.41e－5)	(7.58e－5)	(7.59e－5)
c	1.970 ***	1.971 ***	1.971 ***	1.972 ***
	(0.013)	(0.013)	(0.013)	(0.013)
ind	—	控制	—	控制
year	—	—	控制	控制
观测值	823	823	823	823
Anderson 正则相关检验（P Value）	126.374 ***	141.868 ***	129.328 ***	145.924 ***
	(0.000)	(0.000)	(0.000)	(0.000)
Cragg－Donald Wald F 检验	146.760	167.251	148.778	170.693

注：①解释变量对应括号内为估计值的标准误；②*** 、** 和 * 分别表示在1%、5%和10%的水平上显著。

资料来源：由笔者分析并整理而成。

显然，对中部和西部分样本的回归结果仍支持财政补贴率和实际税收优惠率与企业 TFP 负相关的结论，即财税激励抑制了企业 TFP 的提升，H_1 成立。

表 4 - 10　西部分样本两步法 GMM 回归结果

解释变量	(39)	(40)	(41)	(42)
rfinsub	-0.599***	-0.558***	-0.682***	-0.623***
	(0.152)	(0.143)	(0.154)	(0.141)
rtaxincent	-0.538***	-0.503***	-0.613***	-0.565***
	(0.136)	(0.126)	(0.138)	(0.124)
size	0.039***	0.040***	0.039***	0.040***
	(9.66e-4)	(9.48e-4)	(0.001)	(0.001)
lve	0.014***	0.012***	0.015***	0.013***
	(0.005)	(0.005)	(0.005)	(0.005)
incap	-0.010	-0.009	-0.007	-0.006
	(0.008)	(0.008)	(0.008)	(0.008)
turnasset	0.056**	0.056**	0.056**	0.055**
	(0.002)	(0.002)	(0.002)	(0.002)
lnfap	-2.96e-4	-3.12e-4	-2.61e-4	-2.56e-4
	(0.001)	(0.001)	(0.001)	(0.001)
tobinq	8.86e-4***	1.36e-3***	1.03e-3***	1.59e-3***
	(4.95e-5)	(5.54e-5)	(5.01e-5)	(5.52e-5)
rtech	9.95e-5*	1.20e-4**	4.89e-5	7.49e-5
	(6.00e-5)	(5.90e-5)	(6.40e-5)	(0.0000623)
cf	0.045***	0.043***	0.047***	0.048***
	(0.014)	(0.014)	(0.014)	(0.014)
xm	2.37e-5	2.02e-4	6.62e-4	2.74e-4***
	(0.004)	(0.00380)	(0.00380)	(0.00378)
lerreal	-0.015**	-0.017**	-0.011	-0.013**
	(0.006)	(0.006)	(0.007)	(0.007)
radmin	3.68e-4***	3.47e-4***	3.45e-4***	3.23e-4**
	(1.34e-4)	(1.31e-4)	(1.33e-4)	(1.29e-4)
c	1.957***	1.943***	1.942***	1.924***
	(0.019)	(0.019)	(0.024)	(0.025)
ind	—	控制	—	控制
year	—	—	控制	控制
观测值	473	473	473	473

续表

解释变量	（39）	（40）	（41）	（42）
Anderson 正则相关检验 （P Value）	59. 272 *** （0. 000）	69. 209 *** （0. 000）	57. 119 *** （0. 000）	68. 908 *** （0. 000）
Cragg – Donald Wald F 检验	65. 757	77. 644	61. 668	75. 543

注：①解释变量对应括号内为估计值的标准误；②***、** 和 * 分别表示在 1%、5% 和 10% 的水平上显著。

资料来源：由笔者分析并整理而成。

2. 稳健性检验

为进一步确认不同区域分样本分析结果的可信度，将采用 OP 方法测算的 TFP（lntfp_ ops）作为被解释变量的代理变量，采用财政补贴率的滞后一期（1. rfinsub）作为工具变量，重新利用两步法 GMM 逐一对东部、中部和西部分样本进行回归。

表 4 – 11　东中西部分样本两步法 GMM 稳健性检验结果

解释 变量	（43） 东部	（44） 中部	（45） 西部
rfinsub	– 0. 909 *** （0. 159）	– 0. 398 ** （0. 203）	– 0. 867 ** （0. 381）
rtaxincent	– 0. 834 *** （0. 154）	– 0. 314 * （0. 207）	– 0. 537 * （0. 339）
size	0. 057 *** （0. 001）	0. 056 *** （0. 002）	0. 061 *** （0. 002）
lve	0. 012 *** （0. 004）	0. 050 *** （0. 008）	0. 031 ** （0. 012）
intencap	– 2. 00e – 4 （0. 006）	– 0. 004 （0. 013）	0. 012 （0. 020）
turnasset	0. 074 *** （0. 002）	0. 071 *** （0. 004）	0. 066 *** （0. 006）

续表

解释变量	（43）东部	（44）中部	（45）西部
lnfap	-0.019 ***	-0.022 ***	-0.024 ***
	(0.001)	(0.002)	(0.003)
tobinq	-9.41e-4 ***	-0.001	-0.002
	(3.62e-4)	(0.001)	(0.001)
rtech	9.18e-5 **	1.48e-4	-4.09e-4 ***
	(4.60e-4)	(1.19e-4)	(1.58e-4)
cf	0.058 ***	0.040 **	0.006
	(0.010)	(0.020)	(0.035)
xm	0.019 ***	0.024 ***	0.026 ***
	(0.003)	(0.007)	(0.009)
lerreal	-0.084 ***	-0.109 ***	-0.140 ***
	(0.006)	(0.011)	(0.017)
radmin	1.17e-5	-6.31e-5	1.54e-4
	(9.37e-4)	(2.07e-4)	(3.29e-4)
c	1.291 ***	1.335 ***	1.282 ***
	(0.017)	(0.035)	(0.060)
year	控制	控制	控制
ind	控制	控制	控制
观测值	4267	823	471
Anderson 正则相关检验（P Value）	425.017 ***	129.328 ***	56.843 ***
	(0.000)	(0.000)	(0.000)
Cragg - Donald Wald F 检验	468.716	148.778	61.488

注：①解释变量对应括号内为估计值的标准误；②***、** 和 * 分别表示在1%、5% 和10% 的水平上显著。

资料来源：由笔者分析并整理而成。

从表4-11可以看出，所有分样本中财政补贴率（rfinsub）和实际税收优惠率的回归系数均显著为负，这与全样本回归结果是基本一致的，各区域中财政补贴率（rfinsub）和实际税收优惠率均不利于企业 TFP 的提升，通过对三个分样本中财政补贴率（rfinsub）的回归系数大小进行比较，发现中部回归系数的绝对值仍是三个区域中最小的，而东西部则大致相当，这与分区域样本基本回归结果是一致的，在实际税收优惠率的回归系数中，中部的绝对值也是三个区域中最小的，但东西部之间存在一定差异，这可能与西部分样本观测数偏小有关，事实上西部实际税收优惠率回归系数的显著性 P 值已经接近 0.1。

从表 4-11 还给出了控制变量的回归情况，其回归系数则与分区域样本基本一致，当然本章主要关注的是核心解释变量的显著性，因而本节的主要结论仍是成立的。

三、财税激励对企业 TFP 影响的分产业样本分析

1. 两步法 GMM 回归分析

考虑到行业自身的特性，不同行业可能对财税激励的依赖程度不同。为了进一步明确不同产业条件下，财税激励对企业 TFP 的影响，依据行业分类标准 GB/T4754—2011 对样本中 18 个证监会行业进行归类，按惯例剔除金融业，同时剔除教育、卫生和社会工作、综合三个行业性质复杂、样本数量少的行业。

考虑到惯性或部分调整可能导致企业 TFP 中存在动态滞后效应，使企业当期 TFP 受前期影响，选取动态面板数据建立回归模型。为规避由核心变量间双向因果关系而产生的内生性问题，同时克服随机误差项中可能存在的系列相关及异方差，以 lntfp_ lps 为被解释变量，采用财政补贴率的滞后一期（1.rfinsub）作为工具变量，利用两步法 GMM 模型逐一对分产业样本进行基本回归（见表 4-12）。

表 4-12　分产业样本两步法 GMM 基本回归结果

解释变量	（46）第一产业	（47）第二产业	（48）第三产业
rfinsub	2.780	-0.376 ***	-1.478 **
	(2.982)	(0.038)	(0.614)
rtaxincent	2.707	-0.311 ***	-1.424 **
	(2.968)	(0.037)	(0.602)
size	0.0421 ***	0.0378 ***	0.040 ***
	(0.012)	(2.05e-4)	(0.001)
lve	0.038	0.008 ***	0.016 ***
	(0.030)	(0.001)	(0.006)

续表

解释变量	(46) 第一产业	(47) 第二产业	(48) 第三产业
intencap	−0.141 **	−0.038 ***	−0.043 ***
	(0.061)	(0.002)	(0.012)
turnasset	0.107 ***	0.067 ***	0.047 ***
	(0.029)	(6.57e−4)	(0.003)
lnfap	0.011	0.005 ***	2.69e−4
	(0.009)	(3.05e−4)	(0.001)
tobinq	0.005	3.12e−4 **	3.79e−4
	(0.007)	(1.28e−4)	(5.74e−4)
rtech	−0.001	1.31e−4 ***	1.32e−4 **
	(1.58e−3)	(1.59e−5)	(5.36e−5)
cf	0.096	0.022 ***	0.006
	(0.074)	(0.003)	(0.013)
xm	0.041	−0.004 ***	7.17e−4
	(0.044)	(0.001)	(0.004)
lerreal	0.009	−0.020 ***	−0.012
	(0.068)	(0.002)	(0.010)
radmin	0.002	9.56e−5 ***	5.66e−4 ***
	(0.002)	(3.04e−5)	(1.20e−4)
c	1.700 ***	1.894 ***	1.964 ***
	(0.362)	(0.013)	(0.023)
year	控制	控制	控制
ind	—	控制	控制
观测值	48	4890	566
Anderson 正则相关检验 (P Value)	1.241 (0.265)	687.730 *** (0.000)	13.317 *** (0.000)
Cragg − Donald Wald F 检验	0.743	796.355	12.963

注：①解释变量对应括号内为估计值的标准误；②***、**和*分别表示在1%、5%和10%的水平上显著。

资料来源：由笔者分析并整理而成。

为节省篇幅，表 4 - 12 中仅列出三次产业同时控制时间和行业时财税激励与企业 TFP 之间的回归情况，其中第一产业财政补贴率和实际税收优惠率的回归系数分别为 2.780 和 2.707，均为正但并不显著，其显著性 P 值分别为 0.351 和 0.362，而正则相关检验和弱工具变量检验也表明，第一产业分样本不能通过不可识别检验和弱工具变量检验，这主要是由于第一产业分样本中企业数量偏少造成的。相反，第二、三产业财政补贴率和实际税收优惠率的回归结果与全样本回归是一致的，控制变量回归系数的显著性和符号与全样本分析也是基本一致的，两者均支持财税激励抑制了企业 TFP 提升的结论。

　　2. 稳健性检验

　　将 TFP（lntfp_ops）作为被解释变量的代理变量，检验财政补贴率和实际税收优惠率两个核心解释变量对企业 TFP 的影响是否存在显著差异。工具变量和估计方法分别选用滞后一期和两步 GMM 法（见表 4 - 13）。

表 4 - 13　分产业样本两步法 GMM 稳健性检验结果

解释变量	(49) 第一产业	(50) 第二产业	(51) 第三产业
rfinsub	0.904 (1.732)	- 0.230 *** (0.057)	- 1.896 * (1.131)
rtaxincent	0.381 (1.724)	- 0.159 *** (0.055)	- 2.124 * (1.108)
size	0.0544 *** (0.007)	0.067 *** (3.03e - 4)	0.058 *** (0.002)
lve	0.030 * (0.017)	0.007 *** (0.002)	- 0.048 *** (0.011)
intencap	0.130 ** (0.036)	0.169 *** (0.003)	0.199 *** (0.021)
turnasset	0.035 ** (0.017)	0.026 *** (9.70e - 4)	0.027 *** (0.005)
lnfap	- 0.022 *** (0.005)	- 0.027 *** (4.51e - 4)	- 0.009 *** (0.002)
tobinq	0.006 * (0.004)	- 8.89e - 4 *** (1.89e - 4)	- 0.002 * (0.001)

续表

解释变量	(49) 第一产业	(50) 第二产业	(51) 第三产业
rtech	-0.001	$-2.68e-4***$	$6.26e-5**$
	(0.001)	$(2.35e-5)$	$(9.98e-5)$
cf	0.022	$0.001***$	$0.073***$
	(0.043)	(0.005)	(0.025)
xm	-0.020	$0.008***$	$-0.020**$
	(0.026)	(0.001)	(0.008)
lerreal	$-0.170***$	$-0.042***$	-0.0111
	(0.040)	(0.003)	(0.019)
radmin	$-5.97e-4$	$-7.55e-5*$	$-7.93e-4***$
	$(1.29e-3)$	$(4.50e-4)$	$(2.22e-4)$
c	$1.481***$	$1.269***$	$1.245***$
	(0.210)	(0.019)	(0.043)
year	控制	控制	控制
ind	—	控制	控制
观测值	48	4890	564
Anderson 正则相关检验（P Value）	1.241	687.730***	13.332***
	(0.2653)	(0.0000)	(0.0003)
Cragg - Donald Wald F 检验	0.743	796.355	12.77

注：①解释变量对应括号内为估计值的标准误；②$***$、$**$和$*$分别表示在1%、5%和10%的水平上显著。

资料来源：由笔者分析并整理而成。

表4-13下半部分列出了分产业样本回归方程的正则相关检验和弱工具变量检验的情况，其结果与基本回归分析是一致的，从而排除了模式设置的不合理性。表4-13上半部分列出了分产业样本中核心解释变量和控制变量的回归分析结果。从表4-13可以看出，第二、第三产业财政补贴率、实际税收优惠率与企业TFP（lntfp_ops）之间显著负相关，回归系数分别为-0.230、-0.159和-1.896、-2.124，与基本回归方程中系数差别不大，从而财税激励抑制了企业TFP的提升，H_1成立。

从控制变量回归情况来看，除资本密集度（intencap）、人均固定资产、行政人员人数占比（radmin）在部分方程中回归系数的显著性或符号存在一定差异之外，其余控制变量的估计结果与基本回归方程中估计结果多是一致的，从而分产业样本基本回归的结论是稳健的。

3. LIML 稳健性检验

为进一步检验分产业样本基本回归结果的稳健性，通过有限信息最大似然法（LIML）来检验模型的可靠性，该方法对弱工具变量不敏感，且在有限样本条件下更具有优势（见表 4 - 14）。

表 4 - 14　分产业样本 LIML 稳健性检验结果

解释变量	（52）第一产业	（53）第二产业	（54）第三产业
rfinsub	2.780	- 0.376 ***	- 1.478 **
	(2.449)	(0.0592)	(0.735)
rtaxincent	2.707	- 0.311 ***	- 1.424 **
	(2.456)	(0.0590)	(0.719)
size	0.042 ***	0.038 ***	0.040 ***
	(0.010)	(2.12e-4)	(0.001)
lve	0.038	0.008 ***	0.016 ***
	(0.030)	(0.001)	(0.006)
intencap	- 0.141 **	- 0.038 ***	- 0.043 ***
	(0.047)	(0.002)	(0.012)
turnasset	0.107 ***	0.069 ***	0.047 ***
	(0.023)	(0.002)	(0.003)
lnfap	0.011	0.005 ***	2.69e-4
	(0.008)	(3.88e-4)	(0.001)
tobinq	0.005	3.12e-4 **	3.79e-4
	(0.005)	(1.28e-4)	(6.18e-4)
rtech	- 0.001	1.32e-4 ***	1.32e-4 **
	(0.001)	(1.75e-5)	(6.26e-5)
cf	0.096	0.022 ***	0.006
	(0.081)	(0.004)	(0.015)
xm	0.041	- 3.72e-3 ***	7.17e-4
	(0.039)	(8.32e-4)	(0.004)

解释变量	(52) 第一产业	(53) 第二产业	(54) 第三产业
lerreal	0.009 (0.055)	− 0.020 *** (0.002)	− 0.012 (0.012)
radmin	0.002 (0.002)	9.56e − 5 *** (3.34e − 5)	5.66e − 4 *** (1.43e − 4)
观测值	48	4890	566
R²	0.368	0.958	0.907
Wald ch2	154.87 *** (0.000)	94041.15 *** (0.000)	7450.76 *** (0.000)

注：①解释变量对应括号内为估计值的标准误；② *** 、** 和 * 分别表示在1%、5%和10%的水平上显著。

资料来源：由笔者分析并整理而成。

表4 – 14 列出了采用 lntfp_ lps 作为被解释变量对三次产业进行 LIML 回归估计的结果，方程（53）中财政补贴率和实际税收优惠率的回归系数均在1%显著水平下为负，回归系数分别为 − 0.376 和 − 0.311，方程（54）中财政补贴率和实际税收优惠率的回归系数均在5%显著水平下为负，回归系数分别为 − 1.478 和 − 1.424，而第一产业中两者的回归系数均为正，但均不显著，LIML 回归并未改变基本回归中的结论，从而排除了存在弱工具变量的可能性，表明模型及变量的解释力较好。

四、各样本分析结果比较

将东、中、西三个分区域样本的回归结果进行具体比较发现，在财政补贴率和收优惠率（rtaxincent）对企业 TFP 的影响中，东西部大致相当而中部最小，表明对东西部企业实施财税激励所产生的对企业 TFP 的抑制作用最大，但以控制行业和年份的回归方程为例，对东中西部分样本回归中控制变量回归系数的对比还发现，在影响较大的控制变量中，中部企业资产周转率较东西部企业更有利于提高企业 TFP，其回归系数为0.071，大于东部的0.066 和西部的0.055。因此，分析各区域财税激励影响的差异及原因，进而针对性地探索提升各区域财税激励影响的对策，应成为当前财税激励研究的重要现实课题。

而从分产业样本回归结果来看，第二、第三产业财政补贴率和实际税收优惠率的回归结果与全样本回归是一致的，控制变量回归系数的显著性和符号与全样本分析也是基本一致的，两者均支持财税激励抑制了企业 TFP 提升的结论。此外，对分产业样本中核心解释变量回归情况的比较还表明，财税激励在第三产业中对企业 TFP 的抑制作用大于第二产业，而对第一产业可能具有积极的促进作用。

第四节　本章小结

在对 TFP 测算方法进行梳理和比较的基础上，利用 Wind 金融数据库和历年《中国统计年鉴》基础数据，采用主流的 LP 方法、OP 方法测算 2008 ~ 2017 年企业 TFP，进而采用面板回归方法分析财税激励对企业 TFP 的影响，得出以下结论：

第一，我国企业 TFP 在 2008 ~ 2017 年整体呈上升趋势，但存在区域和产业差异。从分区域样本来看，东部地区企业 TFP 高于全国平均水平，而中西部地区则不然，其中西部最低，但所有区域企业 TFP 均呈现上升趋势；从分产业样本情况来看，第三产业企业 TFP 高于全国平均水平，且增长较快，第二产业企业 TFP 自 2011 年以后开始出现下滑，尤其是 2013 年以后，与全国平均水平差距呈现逐年增大趋势，相比之下，第一产业企业 TFP 保持了较好的增长态势，而第二产业已经成为制约我国效率改革的一大障碍。

第二，财税激励整体上抑制了企业 TFP 提升。基于面板数据建立回归模型，构建两步法 GMM 模型检验财政补贴率、实际税收优惠率和企业 TFP 之间的关系，回归结果表明，两者与企业 TFP 的回归系数均显著为负，从而财税激励整体上抑制了企业 TFP 提升，代理变量稳健性检验也表明了该结论的稳健性。

第三，财税激励对不同区域企业 TFP 的影响具有差异性，其中对东、西部企业抑制作用较大，而对中部企业抑制作用较小。采用两步法 GMM 模型对分区域样本进行基本回归，结果表明，东、中、西部分样本的回归结果均支持财税激励与企业 TFP 负相关的结论，其中东部分样本中解释变量和多数控制变量回归系数的显著性和大小与全样本中回归系数接近，三大区域中对中部企业实施财税激励对企业 TFP 产生的抑制作用最小。

第四，财税激励对三次产业中企业 TFP 的影响不同，其中对第二、第三产业具有显著抑制作用，而可能对第一产业产生促进作用。两步法 GMM 模型基本回归，以及采用代理变量、LIML 方法的稳健性检验结果均表明，第二、第三产业回归结果均支持财税政策抑制论，其中对第三产业抑制作用最大，而对第一产业可能具有促进作用。

第五章　基于空间溢出效应的财税激励对企业 TFP 的影响

　　第四章分析了财税激励对企业 TFP 的作用，但传统计量模型的基本假设决定了这种分析忽视了空间溢出效应的重要影响。本章拟结合第三章空间溢出效应理论研究，基于空间溢出效应分析财税激励对企业 TFP 的影响，围绕政府对企业实施的财税政策是否通过空间溢出效应影响其他相关企业 TFP、什么决定其空间溢出效应的大小、不同的区域和产业是否存在差异等问题开展研究。考虑到当前尽管交通运输、赛博空间大幅降低了传统要素转移成本，也促进了信息、知识等新要素的传播和交流，但地理邻近仍是其最重要的制约因素，而从微观层面分析财税激励对企业 TFP 影响也更契合作为经济主体的企业的经济活动空间规律（王良举和陈甬军，2013），企业空间分布矩阵的处理方法为本章的研究奠定了技术基础（李佳洺等，2016）。因此，本章拟选择不同于以往空间尺度的微观企业之间地理距离为基础，构建地理空间权重矩阵，在此基础上构建经济空间权重矩阵和嵌套空间权重矩阵，进而运用空间杜宾模型分析财税激励对企业 TFP 的影响（胡春阳，2018）。拟在微观层面空间权重矩阵构造方面有所创新，而对不同样本中财税激励的回归系数、滞后项系数及其对企业 TFP 的直接效应和空间溢出效应的分析，尤其是对企业层面与省际层面分析结果差异及原因的剖析，也考虑了宏观层面资源错配带来的影响，对当前协调区域和产业发展具有明显的政策启示作用。

　　在内容上，首先明确空间计量模型的分类、检验及空间杜宾模型的优势，并通过莫兰指数检验初步明确观测对象的空间自相关性，然后重点利用坐标拾取系统创建样本企业地理坐标，并在此基础上构造新的基于企业层面点状数据的空间权重矩阵，进而在此基础上构造经济空间权重矩阵和嵌套空间权重矩阵，将相关空间计量的尺度由宏观层面拓展到微观企业层面，构建空间杜宾模型，利用全样本、分区域样本、分产业样本分析空间计量模型中财税激励与和企业 TFP 之间的关系，并检验直接效应和空间溢出效应，同时将回归结果与省际层面回归结果进行比较，明确政府对企业实施的财税政策是否通过空间溢出效应影响其他相关企业 TFP，其差异情况及产生的原因。

第一节　空间计量模型及比较

本节归纳空间计量模型，分析空间计量模型检验及流程，并介绍空间杜宾模型的优势。

一、空间计量模型及检验

1. 空间计量模型簇

考虑到财税激励和企业 TFP 可能存在空间上的相互作用和依赖关系（Anselin，1988），采用建立在变量中数据相互独立假设基础上的传统计量模型得出的结果可能是有偏的，因而有必要引入空间计量模型（许彬，2015）。空间计量模型大致包含空间变系数回归模型（Spatial Varying - Coefficient Regression Model）和空间常系数回归模型，空间变系数回归模型主要用于分析截面单位之间的空间异质性，其中主要的是地理加权回归系数模型（Geographical Weighted Regression，GWR）（吴玉鸣，2013），如式（5-1）所示：

$$y_i = \alpha_0(lon_i, lat_i) + \sum_{i=1}^{k} \alpha_i(lon_i, lat_i)x_{ij} + \varepsilon_i \qquad (5-1)$$

其中，（lon_i，lat_i）为空间位置，α_0 和 α_i 为回归系数（段庆锋，2012）。

该理论通过将任意空间位置（lon_i，lat_i）与邻近位置进行回归来逼近回归系数 α_i，从而对不考虑空间相互作用和依赖关系的回归结果进行纠正。

空间常系数回归模型则主要考虑空间依赖性，如式（5-2）所示：

$$y = \delta wy + \alpha\tau_n + x\beta + wx\theta + \rho w_\varepsilon + \mu \qquad (5-2)$$

其中，w 和 w_ε 分别为各变量滞后项和扰动项的空间权重矩阵（周兆平，2014）。

常用的空间常系数回归模型包括空间杜宾模型，以及空间滞后模型和空间误差模型等空间杜宾模型的退化形式，此外还包括空间自回归模型、空间自相关模型等（陈强，2014）。

空间杜宾模型的一般形式如式（5-3）所示（梁雪洋，2016）：

$$y = \delta wy + \alpha\tau_n + x\beta + wx\theta + \varepsilon \qquad (5-3)$$

当 $\theta = 0$ 时，空间杜宾模型退化为空间滞后模型式（5-4）（李光勤，2015）：

$$y = \delta wy + \alpha\tau_n + x\beta + \varepsilon \qquad (5-4)$$

当 $\theta = -\delta\beta$ 时，空间杜宾模型退化为空间误差模型式（5-5）（李长亮，2016）：

$$y = \alpha\tau_n + \varepsilon\rho w_\varepsilon + x\beta + \mu \qquad (5-5)$$

2. 空间计量模型检验

一个相对完整的空间计量模型检验，首先要在空间变系数回归模型（Spatial Varying - Coefficient Regression Model）和空间常系数回归模型进行选择，可采用 Chow 检验，分析模型是否存在结构变化，进而选择相应的模型，当原假设被拒绝则进一步检验采用何种空间常系数回归模型。首先采用随机效应空间杜宾模型进行初步分析，这是建立在 $\rho = 0$ 的基础之上的。

而为了检验空间杜宾模型是否退化为空间滞后模型、空间误差模型（刘畅，2014；胡腾，2015），通过 LR 检验和 Wald 检验 H_0：$\theta = 0$ 和 H_0：$\theta = -\delta\beta$，拒绝两大原假设则不支持模型退化为空间滞后模型和空间误差模型，也无须进行 LM（R - LM）检验（董利红，2015）。

在对上述空间计量模型簇进行梳理的基础上，借鉴马丽梅等（2016）的研究成果，采用如图 5-1 所示的方法及流程进行空间计量模型检验。

二、空间杜宾模型的优势

在所有的空间常系数回归模型中，空间杜宾模型可有效解决遗漏变量问题，且相对空间误差模型和空间滞后模型，空间杜宾模型更有利于减少偏误（Lesage and Pace，2009；马丽梅等，2016；陶春海和王玉晓，2019）。此外，本章注重的直接效应和空间溢出效应只能通过空间杜宾模型或空间自回归模型来实现，而大量的实证研究也认为空间杜宾模型更具有优势（Jame Lesage，2007）。

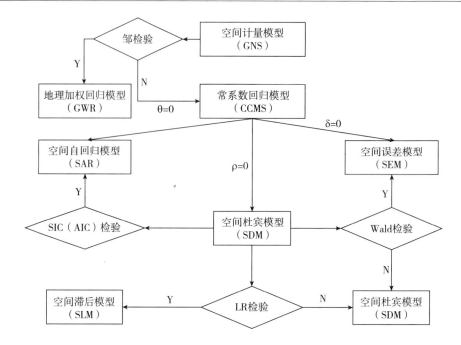

图5-1 空间计量模型检验及流程示意图

资料来源：笔者在马丽梅等（2016）研究的基础上整理而成。

第二节 研究设计

基于邻接空间权重矩阵和距离空间权重矩阵基本理论，阐述构造企业层面空间权重矩阵的思路及方法，共构造包含全样本、分区域样本、分产业样本共21个权重矩阵。

一、企业层面空间权重矩阵的构造

空间计量经济学和传统计量经济学的一个重要区别在于，前者需要考虑空间维度，即空间观测对象之间的关联性和依赖性（张可云和杨孟禹，2016），这就需要构造空间权重矩阵，通过空间权重矩阵反映观测对象的空间关系，空间权重矩阵主要包括邻接空间权重矩阵和距离空间权重矩阵（刘鹏，2016）。

1. 企业层面地理空间权重矩阵的构造

首先基于企业之间地理距离构造空间权重矩阵，进而结合本章的研究实际引入经济距离进行加权。对从总体样本数据中提取的 2012～2017 年平衡面板数据，利用百度坐标拾取工具拾取企业地理坐标，进而通过 MATLAB 地图工具箱调用 distance 函数测度样本企业之间的距离，形成如下地理空间权重矩阵（W_{jl}）。

引入式（5 - 6）经济发展水平矩阵 E 进行加权：

$$
E = \begin{pmatrix}
\overline{y}_{1k1}/\sum\limits_{t=2012}^{2017} y_t & 0 & \cdots & 0 & \cdots & 0 \\
0 & \overline{y}_{2k2}/\sum\limits_{t=2012}^{2017} y_t & \cdots & 0 & \cdots & 0 \\
\vdots & \vdots & \vdots & \vdots & \vdots & \vdots \\
0 & 0 & \cdots & \overline{y}_{iki}/\sum\limits_{t=2012}^{2017} y_t & \cdots & 0 \\
\vdots & \vdots & \vdots & \vdots & \vdots & \vdots \\
0 & 0 & \cdots & 0 & \cdots & \overline{y}_{30k30}/\sum\limits_{t=2012}^{2017} y_t
\end{pmatrix}_{1089 \times 1089}
$$

$$(5-6)$$

其中，y_t 为全国 2012～2017 年平均人均实际 GDP，$\overline{y}_1 \sim \overline{y}_{30}$ 为全国 30 个省份（西藏和港澳台地区除外）2012～2017 年平均人均实际 GDP（见附录5），下表赋值依次为北京 = 1、天津 = 2、河北 = 3、山西 = 4、内蒙古 = 5、辽宁 = 6、吉林 = 7、黑龙江 = 8、上海 = 9、江苏 = 10、浙江 = 11、安徽 = 12、福建 = 13、江西 = 14、山东 = 15、河南 = 16、湖北 = 17、湖南 = 18、广东 = 19、广西 = 20、海南 = 21、重庆 = 22、四川 = 23、贵州 = 24、云南 = 25、陕西 = 26、甘肃 = 27、青海 = 28、宁夏 = 29、新疆 = 30，式（5 - 6）中 $\overline{y}_i$ 的数量即为 i 省（市）样本企业的数量，$\overline{y}_{ikit}/\sum\limits_{t=2012}^{2017} y_t$ 为第 i 个省份 ki 阶子式主对角线元素。

2. 企业层面经济空间权重矩阵的构造

将地理空间权重矩阵（W_{jl}）与式（5 - 7）相乘进行加权，得出经济空间权重矩阵（W_{jjfz}）：

$$W_{jjfz} = W_{jl} \times E \qquad (5-7)$$

加权后的权重矩阵（W_{jjfz}）能够在地理空间的基础上体现因经济发展水平差

异带来的影响，更符合研究实际。此外，出于稳健性检验的目的，同时参照林光平等（2006）的做法引入式（5-8）权重矩阵进行加权，其权值有：

$$g_{ij} = \begin{cases} \dfrac{1}{|\overline{y}_i - \overline{y}_j|} & i \neq j \\ 1 & i = j \end{cases} \tag{5-8}$$

将地理空间权重矩阵（W_{jl}）与式（5-8）相乘，得出如式（5-9）所示嵌套空间权重矩阵（W_{jjlc}）：

$$W_{jjlc} = W_{jl} \times G \tag{5-9}$$

类似地，按同样的方法构造各类样本的地理空间权重矩阵、经济空间权重矩阵和嵌套空间权重矩阵。

二、空间杜宾模型构建及空间溢出效应

1. 基本假设

基于以下三个基本假设，构建地理空间权重矩阵、经济空间权重矩阵、嵌套空间权重矩阵，探索财税激励对企业 TFP 的影响。

假设 1：受空间关联性和依赖性影响，财税激励对企业 TFP 具有空间溢出效应。

当企业获得政府财税政策支持时，通过空间溢出效应对其他相关企业 TFP 产生影响的路径也是一个复杂的系统过程。依据经济地理学的理论，企业必然处于特定的经济地域系统中，根据地理学第一定律关于地球表面事物之间相互关联的空间距离规律，企业之间在空间上也必然存在关联性和依赖性。这就决定了相关企业可能关注该企业接受政府财税扶持的基本情况，进而关注其自身的状况及在产业当中所处的地位等情况，争相遵照政府财税扶持政策细则，以该企业为标杆积极筹划，不断自我完善、强化市场竞争能力，从而财税激励实际上起到了示范效应和竞争效应，而财税激励对于未获得扶持的企业而言则往往意味着资源和机会的丧失，也即形成了挤出效应，但总体而言，财税激励的示范效应远大于竞争效应和挤出效应。

假设 2：财税激励对其他企业 TFP 的溢出效应具有区域和产业上的差异性。不同的区域具有其自身的地理、经济、社会等特征，从而可能形成在空间溢出效应上的差异性，但其溢出效应更多地表现在作为微观经济主体的企业之间，而非区域之间。同样地，不同产业的属性不同，资本、劳动、信息、技术密集情况不

同，所处的生命周期也不尽相同，也可能带来溢出效应的差异。

假设3：考虑空间溢出效应后财税激励总体上对企业TFP仍具有抑制作用。

影响企业TFP的因素很多，第三章对企业自身因素、市场和制度环境因素等进行了系统的归纳和分析，而从财税激励对企业TFP作用路径的分析来看，技术进步、技术效率决定着企业TFP，财税激励除对受扶持企业自身企业TFP产生直接影响之外，还可能对相关企业形成空间溢出效应，从而影响其TFP，但考虑财税激励空间溢出效应后，财税激励总体上对企业TFP仍具有抑制作用。

2. 空间杜宾模型

本章在第四章中利用传统计量经济学模型分析了财税激励对企业TFP的作用，但这是建立在各样本企业相互独立且其TFP相互正交的基本假设之上的，并不符合地理学第一定律（Tobler's First Law）。按照该定律，由于截面单位距离不同，将产生不同的空间效应（主要指空间依赖性），因而对这类具有不同空间距离的变量，采用传统计量经济学模型得出的结果是有偏的（李红和王彦晓，2014）。

为了分析财税激励产生的空间溢出效应，在第四章计量模型的基础上进行空间计量分析，构造反映观测对象相互距离（空间关系）的空间权重矩阵，进而选择适当的空间计量模型进行分析（许彬，2015）。Anselin（1988）提出空间误差模型和空间滞后模型后，产生了空间杜宾模型、空间自回归模型、空间自相关模型等模型，这些模型除空间自相关模型之外均为空间杜宾模型的特例（陶长琪和杨海文，2014）。空间杜宾模型同时考虑被解释变量和解释变量的空间相关性，适合本章的分析，后文中还通过Wald检验、LR检验等论证了选择空间杜宾模型的可行性。空间杜宾模型的一般形式如式（5－10）所示：

$$Y_t = \delta W Y_t + \alpha Z_n + X_t \beta + W X_t \theta + \varepsilon_t \qquad (5-10)$$

其中，Y_t表示企业TFP，X_t和Z_n分别表示财税激励核心解释变量和控制变量，W表示空间权重矩阵，δ表示空间自回归系数，α、β、θ分别表示相应变量的待估参数，ε_t表示随机误差项（李东坤和邓敏，2016；王公博，2020）。

综合采用空间杜宾模型的直接效应和空间溢出效应来分析财税激励对企业TFP的影响（Lesage and Pace，2008；Elhorst，2014），考虑到政策变量作为核心解释变量可能与解释变量间存在双向因果，因此将其滞后一期作为代理变量克服内生性。

3. 空间溢出效应

Lesage 和 Pace（2008）认为考虑空间滞后项后，对解释变量直接进行估计存在偏误，提出采用偏微分进行处理，即通过 Y_t 滞后项移项后，等式左乘空间逆矩阵 $(1-\delta W)^{-1}$（Waugh，1950），得出如式（5-11）所示空间杜宾模型形式（叶明确和方莹，2013）：

$$Y_t = (1-\delta W)^{-1}\alpha_t\tau_n + (1-\delta W)^{-1}(X_t\beta + WX_t\theta) + (1-\delta W)^{-1}(\varepsilon_t) \quad (5-11)$$

式（5-12）对任意第 k 个解释变量求偏微分，有：

$$\begin{bmatrix} \dfrac{\partial Y}{\partial X_{1k}} \\ \dfrac{\partial Y}{\partial X_{2k}} \\ \vdots \\ \dfrac{\partial Y}{\partial X_{nk}} \end{bmatrix} = \begin{bmatrix} \dfrac{\partial Y_1}{\partial X_{1k}} & \dfrac{\partial Y_1}{\partial X_{2k}} & \cdots & \dfrac{\partial Y_1}{\partial X_{nk}} \\ \dfrac{\partial Y_2}{\partial X_{1k}} & \dfrac{\partial Y_2}{\partial X_{2k}} & \cdots & \dfrac{\partial Y_2}{\partial X_{nk}} \\ \vdots & \vdots & \vdots & \vdots \\ \dfrac{\partial Y_n}{\partial X_{1k}} & \dfrac{\partial Y_n}{\partial X_{2k}} & \cdots & \dfrac{\partial Y_n}{\partial X_{nk}} \end{bmatrix} = (1-\delta W)^{-1}\begin{bmatrix} \beta_k & w_{12}\theta_k & \cdots & w_{1n}\theta_k \\ w_{21}\theta_k & \beta_k & \cdots & w_{2n}\theta_k \\ \vdots & \vdots & \vdots & \vdots \\ w_{n1}\theta_k & w_{n2}\theta_k & \cdots & \beta_k \end{bmatrix}$$

$$(5-12)$$

从式（5-12）来看，i 企业第 k 个解释变量对任意企业 j 的 TFP 均产生影响，其大小为 $\dfrac{\partial Y_j}{\partial X_{ik}}$，当 i 和 j 相等时称为直接效应，即矩阵中的对角线元素，估计的是财税激励对企业自身 TFP 的影响，当 i 和 j 不相等时称为间接效应，又称溢出效应（伍骏骞，2017），对应的是矩阵中的非对角线元素，用于估计企业财税激励对相关企业 TFP 的影响，本章主要采用该方法进行财税激励影响分析，但仅作为参考和对比，在第三节和第四节全样本和不同分样本分析中，同时报告空间计量模型得出的政府补助率（rgovsub）回归系数和滞后项系数等点估计结果。

第三节　财税激励影响企业 TFP 的全样本空间计量分析

主要进行变量及其基本统计特征分析、空间全局自相关分析，以及莫兰指数（Moran's I）检验，并采用空间杜宾模型进行全样本空间计量分析和稳健性检验。

一、主要变量及其基本统计特征

在第四章的基础上进一步考察财税激励产生的空间溢出效应对企业 TFP 的影响，被解释变量和控制变量也仍沿用第四章的表述，此处不再赘述。考虑到本章的研究重在分析财税激励的空间溢出效应对企业 TFP 的影响，不关注具体的财税激励，采用政府补助率（rgovsub）（用政府补助/营业总收入表示）作为解释变量，该变量包含财政拨款、税收返还等内容，能够同时反映政府的财政补贴和税收优惠政策。结合第四章的分析结果，剔除了影响较小的技术人员人数占比、出口规模和行政人员人数占比（radmin），但为了印证第四章关于股权结构影响较小的观点，仍保留第一大股东持股比例、前十大股东持股比例合计。以上变量设置在保障本章研究需要的同时，也使分析结论与第四章具有较好的可比性。

表 5 - 1　主要变量的基本统计特征

变量	观测数	均值	标准差	最小值	最大值
tfp_ lpy	6534	2.566	0.057	1.620	2.769
rgovsub	6534	$8.075e-3$	0.010	0	0.090
size	6534	22.015	1.191	18.813	26.911
lve	6534	0.415	0.189	0.010	0.903
incap	6534	0.226	0.154	0.012	0.838
turnasset	6534	0.641	0.456	0.047	7.574
lnfap	6534	12.313	1.015	8.531	16.974
tobinq	6534	2.523	1.680	0.289	31.565
cf	6534	0.041	0.066	- 0.404	0.408
lerreal	6534	0.280	0.154	0.001	0.838
soo	6534	34.240	14.261	3.62	89.41
sot	6534	57.594	14.455	12.72	100

资料来源：由笔者根据样本数据整理而成。

表 5 - 1 列出了主要变量的基本统计特征，其基础数据来源于 Wind 金融数据库，考虑到空间计量的数据要求，利用 xtbalance 对样本数据进行平衡处理，样本时间跨度为 2012 ~ 2017 年，为了与第四章分样本保持一致，分行业中剔除了金融业、教育、卫生和社会工作、综合等行业样本。

二、空间全局自相关分析

考虑到一个企业 TFP 在受企业获得的财税政策以及自身因素、市场因素、制度因素等影响的同时，也受空间中其他相关企业的影响，需进行空间计量分析，通常在空间自相关分析的基础上利用空间计量模型，如空间杜宾模型、空间自回归模型、空间自相关模型、空间误差模型等进行空间计量分析（陶长琪和杨海文，2014）。

首先采用全局莫兰指数（Moran's I）考察被解释变量和核心解释变量的全局空间相关性，其计算公式如式（5 - 13）所示（邓宏亮，2013；周雪娇，2016；鲁元平等，2017；王永康等，2019；胡春阳，2018）：

$$\text{Moran's I} = \frac{n \sum_{i=1}^{k} \sum_{j=1}^{k} W_{ij}(x_i - \overline{X})(x_j - \overline{X})}{\sum_{i=1}^{k} \sum_{j=1}^{k} W_{ij} \sum_{i=1}^{n}(x_i - \overline{X})^2}, \text{Moran's I} \in [-1,1] \quad (5-13)$$

其中，x_i（x_j）表示企业 i（j）某一属性值，$\overline{X}$ 表示其均值和均方差，W_{ij} 表示地理空间权重矩阵。

采用 Z 统计量对 I 值的统计学意义进行检验（武占云，2018；胡春阳，2018）：

$$Z = \frac{I - E(I)}{\sqrt{\sum_{i=1}^{n}(I_i - E(I))^2}}, I \sim (N, \sigma^2) \quad (5-14)$$

其中，$E(I) = \sum I_i / n$，$Z \in [-1.65, 1.65]$，当 Z 值大于（小于）零时，表明邻接空间单元之间存在正向（负向）相关关系，其绝对值越大相关性越强。

逐年测算企业 TFP（lntfp_ lpy）和政府补助率（rgovsub）的全局莫兰指数（Moran's I），结果表明：TFP（lntfp_ lpy）和政府补助率（rgovsub）的全局莫兰指数（Moran's I）总体较平稳，但企业层面全局莫兰指数（Moran's I）值并不大，这主要是由于采用微观数据，但从 Z 值及显著性来看，研究期各年份 TFP（lntfp_ lpy）的 Z 值均大于 1.65，且显著性 P 值均高于 5%，拒绝原假设，即 TFP（lntfp_ lpy）具有正的空间自相关性。同样地，政府补助率（rgovsub）的显著性也较好，因而政府补助率（rgovsub）也具有正的空间自相关性。TFP（lntfp_ lpy）的 Moran's I 指数为正，表明不同 TFP 水平的企业倾向于与 TFP 水平相当的企业形成集聚，政府补助率（rgovsub）的 Moran's I 指数也为正，表明不同财税激励水平的企业倾向于与财税激励水平相当的企业形成集聚，假设 1 成立。当然，全局莫兰指数（Moran's I）仅是变量自身的简单回归，未对其他变量进行控制，因而多用于为特定研究对象的空间效应分析提供初步检验结果。

三、模型选择、基本回归及稳健性分析

在上一节中，全局莫兰指数（Moran's I）检验支持企业 TFP（lntfp_ lpy）和政府补助率（rgovsub）均存在显著的空间自相关性，表明采用传统面板分析可能因遗漏空间效应而产生偏误（王钺和刘秉镰，2017）。本节中首先采用随机效应空间杜宾模型进行初步分析，并逐步剔除不显著的空间滞后项，进而进行固定效应空间杜宾模型分析并利用豪斯曼检验比较两种模型，最后通过 LR 检验和 Wald 检验，利用原假设 H_0：$\theta = 0$ 和 H_0：$\theta = -\delta\beta$ 明确是否选择空间误差模型和空间滞后模型。

本章以上两种假设均接受空间杜宾模型，从而无须进一步进行 LM（R - LM）检验，而事实上本章注重的直接效应和空间溢出效应通常通过空间杜宾模型或空间自回归模型来实现，大量的研究也认为空间杜宾模型更适用（马丽梅等，2016）。

构建包含全部滞后项的随机效应和固定效应空间杜宾模型，利用空间杜宾模型分析政府补助率（rgovsub）对企业 TFP（lntfp_ lpy）的影响，空间权重矩阵采用全样本地理空间权重矩阵（W_{jl}），其分析结果如表 5 - 2 所示：

表 5 - 2　全样本全滞后项随机效应空间杜宾模型分析结果

lntfp_ lpy	回归系数	稳健标准误	Z 值	P 值	95% 置信区间	
rgovsub	- 0.307	0.062	- 4.98	0.000	- 0.427	- 0.186
size	0.401	0.001	38.00	0.000	0.038	0.043
lve	- 0.039	0.005	- 7.26	0.000	- 0.050	- 0.029
incap	- 0.046	0.008	- 6.03	0.000	- 0.061	- 0.031
turnasset	0.026	0.004	7.41	0.000	0.019	0.033
lnfap	$1.09e - 3$	$1.32e - 3$	0.83	0.408	- 0.001	0.004
tobinq	$3.08e - 3$	$5.35e - 4$	5.75	0.000	0.002	0.004
cf	0.046	0.007	6.39	0.000	0.032	0.060

续表

lntfp_ lpy	回归系数	稳健标准误	Z 值	P 值	95%置信区间	
lerreal	0.102	0.007	15.39	0.000	0.089	0.115
soo	2.07e − 4	7.83e − 5	2.64	0.008	5.36e − 5	3.61e − 4
sot	2.00e − 4	5.88e − 5	3.40	0.001	8.49e − 5	3.15e − 4
c	0.803	0.157	5.13	0.000	0.496	1.110
W × rgovsub	1.070	0.524	2.04	0.041	0.044	2.096
W × size	− 0.034	0.007	− 4.92	0.000	− 0.047	− 0.020
W × lve	0.005	0.045	0.12	0.908	− 0.083	0.094
W × incap	− 0.089	0.054	− 0.166	0.097	− 0.195	0.016
W × turnasset	− 0.039	0.021	− 1.84	0.066	− 0.080	0.002
W × lnfap	0.030	0.010	3.03	0.002	0.011	0.049
W × tobinq	− 0.005	0.001	− 3.42	0.001	− 0.008	− 0.002
W × cf	0.072	0.052	1.38	0.167	− 0.030	0.173
W × lerreal	0.025	0.038	0.66	0.510	− 0.049	0.098
W × soo	2.69e − 4	6.68e − 4	0.40	0.687	− 1.04e − 3	1.58e − 3
W × sot	− 2.08e − 4	4.79e − 4	− 0.43	0.664	− 1.15e − 3	7.31e − 4
rho	0.477	0.056	8.46	0.000	0.366	0.587
sigma^2	6.36e − 4	1.41e − 4	4.50	0.000	3.59e − 4	9.13e − 4
logθ	− 0.473	0.160	− 2.96	0.003	− 0.787	− 0.159
R^2	0.311					
logL	13725.581					

资料来源：由笔者分析并整理而成。

在表5-2中，政府补助率（rgovsub）在1%显著水平下为负，回归系数为−0.307，这与第四章面板回归的结论是相吻合的，而在所有控制变量中，除人均固定资产外，其余控制变量回归系数符号及显著性也与第四章结论基本一致。从空间滞后项来看，核心解释变量和控制变量中，企业规模、现金流量、企业真实 Lerner 指数、第一大股东持股比例、前十大股东持股比例合计的回归估计不够显著，拟给予剔除并重新进行回归，表5-3的结果表明空间滞后项中，除资本密集度（intencap）的显著性略差之外，其余变量的显著性均较好。

表 5 - 3 全样本部分滞后项随机效应空间杜宾模型分析结果

lntfp_ lpy	回归系数	稳健标准误	Z 值	P 值	95% 置信区间	
rgovsub	- 0. 305	0. 062	- 4. 95	0. 000	- 0. 426	- 0. 184
size	0. 406	0. 001	37. 97	0. 000	0. 038	0. 043
lve	- 0. 039	0. 005	- 7. 22	0. 000	- 0. 050	- 0. 029
incap	- 0. 046	0. 008	- 6. 05	0. 000	- 0. 061	- 0. 031
turnasset	0. 026	0. 004	7. 42	0. 000	0. 019	0. 033
lnfap	1. 06e - 3	1. 31e - 3	0. 81	0. 419	- 0. 001	0. 004
tobinq	3. 08e - 3	5. 34e - 4	5. 77	0. 000	0. 002	0. 004
cf	0. 047	0. 007	6. 49	0. 000	0. 033	0. 061
lerreal	0. 102	0. 007	15. 50	0. 000	0. 089	0. 115
soo	2. 09e - 4	7. 75e - 5	2. 70	0. 007	5. 70e - 5	3. 61e - 4
sot	2. 00e - 4	5. 85e - 5	3. 42	0. 001	8. 54e - 5	3. 15e - 4
c	0. 731	0. 141	5. 19	0. 000	0. 455	1. 007
W × rgovsub	1. 500	0. 357	4. 20	0. 000	0. 800	2. 200
W × size	- 0. 036	0. 007	- 5. 45	0. 000	- 0. 048	- 0. 023
W × incap	- 0. 062	0. 046	- 1. 35	0. 177	- 0. 151	0. 028
W × turnasset	- 0. 036	0. 017	- 2. 03	0. 042	- 0. 070	0. 001
W × lnfap	0. 029	0. 009	3. 08	0. 002	0. 010	0. 047
W × tobinq	- 0. 004	0. 001	- 3. 45	0. 001	- 0. 007	- 0. 002
rho	0. 524	0. 055	9. 58	0. 000	0. 417	0. 632
sigma^2	6. 36e - 4	1. 41e - 4	4. 51	0. 000	3. 60e - 4	9. 13e - 4
logθ	- 0. 474	0. 160	- 2. 97	0. 003	- 0. 787	- 0. 161
R^2	0. 311					
logL	13724. 352					

资料来源：由笔者分析并整理而成。

从表 5 - 3 来看，资本密集度（intencap）的空间滞后项并不显著，别除后利用豪斯曼检验比较随机效应和固定效应两种模型，豪斯曼检验在 1% 显著水平下拒绝原假设，选择固定效应空间杜宾模型。

结合空间杜宾模型退化检验来看，固定效应空间杜宾模型相应检验的统计量分别为 186. 83 和 69. 33，显著性 P 值均为 0. 000，拒绝检验 θ = 0 和 θ = - δβ 原假设，空间杜宾模型无须退化。根据政府补助率（rgovsub）与企业 TFP（lntfp_ lpy）固定效应空间杜宾模型的回归结果，政府补助率（rgovsub）的回归系数在1%显著性水平下为负，仍然支持财税激励抑制了企业 TFP 提升的原假设。在控制变量中企业规模、资本密集度（intencap）、资产周转率、人均固定资产、托宾 Q、现金流量、第一大股东持股比例、前十大股东持股比例合计等的显著性和符号与第四章是基本一致的，但企业规模和企业真实 Lerner 指数更加显著且回归系数增大，表明不考虑空间因素时这些变量对企业 TFP 的影响被低估，从而使结果存在一定的偏误。此外，政府补助率（rgovsub）、企业规模、人均固定资产、托宾 Q 等解释变量和控制变量的空间滞后项的回归系数也是显著的。但滞后项的存在可对模型的点估计值带来一定的影响，尤其是当样本容量较大时，需要综合直接效应和空间溢出效应来分析财税激励对企业 TFP 的影响（Elhorst，2014）。从回归情况来看，直接效应为 - 0.222，与政府补助率（rgovsub）的回归系数 - 0.228 非常接近，且显著性也是一致的，因而后文中重点通过间接效应考察空间溢出效应。

为进一步检验上一节中分析结论的可靠性，采用 W_{jjfa} 和 W_{jjle} 两种空间权重矩阵进行稳健性检验，结果表明，Wald 检验和 LR 检验仍然支持采用固定效应空间杜宾模型，AIC 和 BIC 值也表明其不能进一步退化为空间自相关模型，豪斯曼检验表明固定效应空间杜宾模型较好。从采用 W_{jjfa} 和 W_{jjle} 时核心解释变量点估计及各类效应的显著性、符号等来看，回归结果是稳健的。

四、空间溢出效应分析

为明确财税激励对其他相关企业 TFP 产生的影响，采用空间溢出效应进行分析。

表 5 - 4   固定效应空间杜宾模型空间溢出效应估计

变量	地理权重 W_{jl}	经济权重 W_{jjfz}	嵌套权重 W_{jjle}
$W \times rgovsub$	3.638 *** (0.401)	3.450 *** (0.406)	2.972 *** (0.780)
$W \times size$	0.017 * (0.011)	0.013 (0.011)	0.030 (0.038)

续表

变量	地理权重 W_{jl}	经济权重 W_{jjfz}	嵌套权重 W_{jjlc}
$W \times lve$	-0.046***	-0.048***	-0.120**
	(0.013)	(0.013)	(0.056)
$W \times intencap$	-0.032***	-0.033***	-0.086**
	(0.010)	(0.010)	(0.040)
$W \times turnasset$	0.038***	0.039***	0.100**
	(0.010)	(0.010	(0.045)
$W \times lnfap$	0.031*	0.039**	0.064*
	(0.016)	(0.016)	(0.050)
$W \times tobinq$	-0.007***	-0.006***	-0.015***
	(0.002)	(0.002)	(0.005)
$W \times cf$	0.032***	0.033***	0.077**
	(0.010)	(0.010)	(0.038)
$W \times lerreal$	0.130***	0.133***	0.344***
	(0.035)	(0.035)	(0.156)
$W \times soo$	4.78e-4***	4.89e-4***	1.277e-3**
	(1.51e-4)	(1.51e-4)	(6.209e-4)
$W \times sot$	2.70e-4***	2.75e-4***	7.386e-4**
	(9.03e-5)	(9.07e-5)	(3.691e-4)

注：①变量对应括号内为估计值的标准误；②***、**和*分别表示在 1%、5% 和 10% 的水平上显著。

资料来源：由笔者分析并整理而成。

根据表 5 - 4 的估计结果，在固定效应空间杜宾模型中，基于空间权重矩阵 W_{jl} 得出政府补助率（rgovsub）对企业 TFP 的空间溢出效应为 3.638，且回归结果显著，即 1 单位政府补助率变动产生 3.638 个单位的空间溢出效应。同样基于空间权重矩阵 W_{jjfz} 和 W_{jjlc} 得出的空间溢出效应分别为 3.450 和 2.972，均得出财税激励有利于其他相关企业 TFP 提升的结论。相比之下，财税激励的空间溢出效应大于其直接效应，从而假设 3 不成立。表 5 - 4 还列出了控制变量的估计结果，其中 lerreal 的空间溢出效应较高，且是显著为正的，同样显著为正的还有资产周转率、现金流量等变量，表明这些控制变量对相关企业 TFP 具有促进作用。

第四节　财税激励影响企业 TFP 的
分样本空间计量分析

第三节中分析了全样本中财税激励对企业 TFP 的影响，但与之相比，各区域具有其自身的地理、经济、社会等特征，企业自身、市场、制度环境等也可能存在差异，从而可能造成空间上的差异性。本节将依次对分区域样本和分产业样本进行分析，通过实证，进一步检验财税激励影响的区域和产业差异性。

一、分区域样本空间计量分析

1. 分区域样本的空间计量模型选择

首先构建随机效应和固定效应空间杜宾模型，模型中包含全部控制变量空间滞后项，利用空间杜宾模型逐一分析东部、中部和西部政府补助率（rgovsub）对企业 TFP（lntfp_ lpy）的影响，空间权重矩阵采用分样本地理空间权重矩阵，其分析结果如附录 6 所示，豪斯曼检验表明，东部和西部分样本固定效应空间杜宾模型较随机效应空间杜宾模型更适合，而中部则相反，为节约篇幅，仅列出东部、中部和西部选定的空间杜宾模型的回归情况。在附录 6 中，东部和中部政府补助率（rgovsub）在 1% 显著水平下为负，回归系数分别为 − 0. 274 和 − 0. 309，与全样本分析的结论是一致的，而西部政府补助率（rgovsub）的回归系数则为正，因此有必要进行稳健性分析。

附录 7 给出了分别采用东、中、西部经济空间权重矩阵 W_{jjfzdb}、W_{jjfzzb}、W_{jjfzxb} 和嵌套空间权重矩阵 W_{jjlcdb}、W_{jjlczb}、W_{jjlcxb} 进行分区域样本全滞后项空间杜宾模型稳健性检验的结果。根据附录 7 可知，政府补助率（rgovsub）均与企业 TFP（lntfp_ lpy）在东部和中部显著负相关，而在西部则正相关，与基本回归分析的结论是一致的，从而排除了模型设置不合理的可能性。当然，由于模型中还存在不够显著的滞后项，并非最终选定的模型，相应变量的显著性和符号可能存在一定的差异，因此有必要进一步进行模型筛选。

2. 分区域样本的空间杜宾模型回归结果

通过逐步剔除不显著的空间滞后项，进行 Wald 检验和 LR 检验，并比较空间杜宾模型和空间自相关模型 AIC 和 BIC 的大小，最终选择空间杜宾模型。为检验模型和结果的稳健性，采用地理空间权重矩阵（W_{jldb}、W_{jlzb}、W_{jlxb}）、经济空间权重矩阵（W_{jjfzdb}、W_{jjfzzb}、W_{jjfxb}）和嵌套空间权重矩阵（W_{jjlcdb}、W_{jjlczb}、W_{jjlcxb}）对东部、中部和西部分样本进行分析，表 5 - 5 列出了最终选择的随机效应或固定效应空间杜宾模型的回归结果。

根据表 5 - 5，东部和西部分样本豪斯曼检验表明，固定效应模型较随机效应模型更适合，而中部分样本则反之，Wald 检验和 LR 检验均拒绝了 H_0：$\theta = 0$ 和 H_0：$\theta = -\delta\beta$ 的原假设，除了东部分样本中采用地理空间权重矩阵（W_{jldb}）的空间杜宾模型，其 AIC、BIC（ - 22685.94、 - 22569.43）略大于空间自相关模型（ - 22687.72、 - 22597.11）之外（这种差异几乎可忽略不计），其余模型的结果均拒绝空间自相关模型，同时考虑到与经济空间权重矩阵（W_{jjfzdb}）和嵌套空间权重矩阵（W_{jjlcdb}）的可比性，采用空间杜宾模型不失为拟合各分区域样本数据的最佳选择。

从所有空间杜宾模型回归方程中政府补助率（rgovsub）的回归系数来看，基于三大权重矩阵 W_{jjfzdb}、W_{jjfzdb} 和 W_{jjlcdb} 的模型回归结果均表明，财税激励对东中部企业 TFP 具有显著的抑制作用，而对西部企业则具有一定的促进作用，这与钟世川（2015）的观点相似。

表 5 - 5 还给出了分区域样本中政府补助率（rgovsub）的空间滞后项的回归系数及模型检验的结果，但滞后项的存在可对模型的点估计值带来一定的影响，综合直接效应和空间溢出效应来分析财税激励对企业 TFP 的影响。从回归情况来看，东中西部分样本基于三大权重矩阵的模型中，政府补助率（rgovsub）的直接效应依次为 - 0.271（ - 0.267、 - 0.292）、 - 0.311（ - 0.309、 - 0.283）和0.103（0.103、0.092），与政府补助率（rgovsub）的回归系数非常接近，且显著性是一致的，因而后文中重点通过间接效应考察空间溢出效应，即政府对企业实施的财税激励支持对其他相关企业 TFP 的影响。

3. 分区域样本的空间溢出效应分析

通过空间溢出效应来衡量财税激励对其他相关企业 TFP 的影响。从表 5 - 6 来看，东部分样本固定效应空间杜宾模型的空间溢出效应估计结果中，政府补助率（rgovsub）的系数在三大矩阵模型回归中依次为 0.945、0.258 和 0.505，即当政府补助率提升 1% 时带来的其他相关企业 TFP 变化的百分点。在控制变量中，影响最大的依然为企业真实 Lerner 指数，此外还有现金流量、企业规模等，

表 5 - 5　分区域样本空间杜宾模型回归结果

变量	东部 FE 地理权重 W_{jdb}	东部 FE 经济权重 W_{jjfzdb}	东部 FE 嵌套权重 W_{jjfcdb}	中部 RE 地理权重 W_{jzb}	中部 RE 经济权重 W_{jjfzzb}	中部 RE 嵌套权重 W_{jjfczb}	西部 FE 地理权重 W_{jxb}	西部 FE 经济权重 W_{jjfzxb}	西部 FE 嵌套权重 W_{jjfcxb}
rgovsub	-0.268*** (0.053)	-0.266*** (0.053)	-0.299*** (0.053)	-0.311*** (0.094)	-0.309*** (0.094)	-0.302*** (0.093)	0.085 (0.192)	0.084 (0.192)	0.065 (0.192)
$W \times$ rgovsub	0.265 (0.654)	0.265 (0.521)	3.815*** (0.545)	0.732 (0.569)	0.841 (0.580)	3.006*** (0.797)	2.137*** (0.625)	2.061*** (0.622)	1.576* (0.840)
rho	0.509*** (0.102)	0.389*** (0.059)	0.263** (0.110)	0.183 (0.126)	0.207* (0.121)	0.283 (0.251)	0.422*** (0.117)	0.431*** (0.117)	0.356*** (0.134)
Hausman	204.36***	233.21***	193.38***	-64.11	-59.17	-31.33	145.30***	83.13***	65.50***
R^2	0.311	0.315	0.324	0.411	0.409	0.428	0.300	0.296	0.319
lnL	11360.971	11357.302	11380.852	2484.158	2483.353	2496.001	1375.047	1374.49	1382.664
$\theta=0$ 检验	114.55 (P=0.000)	103.73 (P=0.000)	128.75 (P=0.000)	72.38 (P=0.000)	71.45 (P=0.000)	62.66 (P=0.000)	12.96 (P=0.002)	12.73 (P=0.002)	23.92 (P=0.000)
$\theta+\delta\beta=0$ 检验	18.56 (P=0.000)	90.76 (P=0.000)	113.45 (P=0.000)	24.53 (P=0.000)	23.52 (P=0.000)	14.73 (P=0.001)	12.91 (P=0.002)	12.31 (P=0.002)	29.69 (P=0.000)

续表

变量	东部 FE 地理权重 W_jldb	东部 FE 经济权重 W_jjfcdb	东部 FE 嵌套权重 W_jjfcdb	中部 RE 地理权重 W_jlzb	中部 RE 经济权重 W_jjfzzb	中部 RE 嵌套权重 W_jjfcxb	西部 FE 地理权重 W_jlxb	西部 FE 经济权重 W_jjfcxb	西部 FE 嵌套权重 W_jjfcxb
AIC (BIC)	-22685.94 (-22569.43) -22687.72 (-22597.11)	-22682.6 (-22579.04) -22644.88 (-22554.27)	-22729.70 (-22626.14) -22702.98 (-22612.3)	—	—	—	-2720.09 (-2653.13) -2712.47 (-2649.968)	-2718.98 (-2652.013) -2712.51 (-2650.001)	-2731.33 (-2655.43) -2719.69 (-2657.18)
观测数	4782	4782	4782	1110	1110	1110	642	642	642
直接效应	-0.271*** (0.052)	-0.267*** (0.052)	-0.292*** (0.052)	-0.311*** (0.092)	-0.309*** (0.092)	-0.283*** (0.091)	0.103 (0.188)	0.103 (0.188)	0.092 (0.186)
空间溢出效应	0.945 (1.454)	0.258 (0.8254817)	0.505 (0.334)	0.812 (0.784)	0.968 (0.821)	2.376*** (0.408)	3.758*** (0.978)	3.688*** (0.993)	2.482** (1.174)
总体效应	-1.216 (1.456)	-0.009 (0.826)	0.213 (0.329)	0.501 (0.045)	0.659 (0.824)	2.093*** (0.403)	3.861* (0.969)	3.790*** (0.985)	2.574** (1.166)

注：①变量对应括号内为估计值的标准误；②***、**和*分别表示在 1%、5%和 10%的水平上显著；③AIC（BIC）上半部分为空间杜宾模型的结果，下半部分提供的是含所有解释变量和控制变量的空间自相关模型的结果，随机效应空间杜宾模型不能测算 AIC（BIC）。

资料来源：由笔者分析并整理而成。

前文中已经作了相应的论述，此处不再赘述。

表5-6还列出了中部和西部样本空间杜宾模型的空间溢出效应估计的结果，其中前者为随机效应空间杜宾模型，后者为固定效应空间杜宾模型。西部企业政府补助率（rgovsub）的系数在三大矩阵模型回归中依次为3.758、3.688和2.348，大于东部地区的0.945、0.258和0.505，也较中部地区高，且回归系数显著为正，政府对西部地区企业实施的财税激励有利于显著地提升其他相关企业TFP，从而假设2成立。通过各分样本中空间溢出效应的比较还发现，总体而言，财税激励通常可促进相关企业TFP提升，其中西部地区的空间溢出效应最大，而东部地区空间溢出效应最小。

二、分产业样本空间计量分析

1. 分产业样本的空间计量模型选择

为进一步明确财税激励对企业TFP的影响是否在不同产业之间存在差异，依次对分产业样本进行分析，通过实证检验财税激励影响的产业差异性。

首先构建随机效应和固定效应空间杜宾模型，模型中包含全部空间滞后项，利用空间杜宾模型分析各分样本中政府补助率（rgovsub）对企业TFP（lntfp_lpy）的影响，空间权重矩阵采用分样本地理空间权重矩阵，其分析结果如附录8所示，豪斯曼检验表明，对于第二、第三产业分样本，随机效应空间杜宾模型较固定效应空间杜宾模型更适合，而对于第一产业分样本则相反，为节约篇幅，仅列出三次产业中所选空间杜宾模型的回归情况。

在附录8中，第二、第三产业政府补助率（rgovsub）的回归系数分别为-0.324和-0.227，且回归结果显著，而第一产业中政府补助率（rgovsub）的回归系数则为正，均与第四章面板回归的结论基本一致，为检验模型设置和分析结果的科学性和可靠性，有必要进行稳健性分析。

附录9给出了分别采用经济空间权重矩阵 W_{jjfzyc}、W_{jjfzec}、W_{jjfzsc} 和嵌套空间权重矩阵 W_{jjlcyc}、W_{jjlcec}、W_{jjlcsc} 进行分产业全滞后项空间杜宾模型稳健性检验的结果。

根据附录9，第二、第三产业政府补助率（rgovsub）均与企业TFP（lntfp_lpy）显著负相关，而第一产业则正相关，与基本回归分析的结论是一致的，从而排除了模型设置不合理的可能性。当然，由于模型中还存在不够显著的滞后项，并未最终选定的模型，相应变量的显著性和符号可能存在一定的差异，因此

表 5-6　分区域样本空间溢出效应估计

变量	东部 地理权重 W_{jdb}	东部 经济权重 W_{jjfzdb}	东部 嵌套权重 W_{jjfcdb}	中部 地理权重 W_{jzb}	中部 经济权重 W_{jjfzzb}	中部 嵌套权重 W_{jjfczb}	西部 地理权重 W_{jxb}	西部 经济权重 W_{jjfzxb}	西部 嵌套权重 W_{jjfcxb}
rgovsub	0.945	0.258	0.505	0.812	0.968	2.376***	3.758***	3.688***	2.348**
	(1.454)	(0.825)	(0.334)	(0.784)	(0.821)	(0.408)	(0.978)	(0.993)	(1.174)
size	-0.008	0.024***	0.014*	1.54e-3	1.45e-3	0.049***	0.036**	0.038**	0.030
	(0.014)	(0.006)	(0.008)	(6.08e-3)	(6.28e-3)	(0.013)	(0.017)	(0.019)	(0.020)
lve	-0.041**	-0.024***	-0.015*	-0.016	-0.018	-0.120	-0.038*	-0.040*	-0.030
	(0.019)	(0.006)	(0.008)	(0.013)	(0.014)	(0.088)	(0.023)	(0.024)	(0.022)
incap	-0.039*	-0.023***	-0.013	-0.005	-0.005	0.368***	-0.045	-0.047	-0.035
	(0.020)	(0.008)	(0.008)	(0.005)	(0.005)	(0.113)	(0.032)	(0.033)	(0.025)
turnasset	-0.102*	0.031***	0.018*	0.005	0.007	-0.004	0.020*	0.021**	0.016
	(0.056)	(0.008)	(0.010)	(0.005)	(0.005)	(0.004)	(0.010)	(0.011)	(0.011)
lnfap	0.004**	0.002*	1.40e-3	-6.30e-4	-6.91e-4	-0.056**	-0.004	-0.004	0.066**
	(0.002)	(0.001)	(1.03e-3)	(9.46e-4)	(10.00e-4)	(0.023)	(0.004)	(0.004)	(0.032)
tobinq	-0.005**	-0.005**	-0.007***	-0.007*	-0.007*	-0.018*	-0.007	-0.007	-0.041***
	(0.002)	(0.001)	(0.001)	(0.003)	(0.003)	(0.003)	(0.005)	(0.006)	(0.013)
cf	0.382***	0.407***	0.009*	0.289***	0.272***	-0.011	0.018	0.019	0.013
	(0.126)	(0.089)	(0.005)	(0.076)	(0.081)	(0.012)	(0.024)	(0.025)	(0.022)
lerreal	0.138***	0.082***	0.047*	0.028	0.032	0.237***	0.091**	0.094**	0.705***
	(0.060)	(0.022)	(0.027)	(0.023)	(0.023)	(0.090)	(0.045)	(0.047)	(0.239)
soo	3.58e-4*	2.093e-4*	1.17e-4	7.68e-5	8.61e-5	-1.31e-4	5.78e-4*	6.04e-4*	4.50e-4
	(1.89e-4)	(8.23e-5)	(8.4e-5)	(7.68e-5)	(7.94e-5)	(9.97e-4)	(3.57e-4)	(3.72e-4)	(3.42e-4)
sot	4.29e-4**	2.68e-4***	-1.81e-3***	1.52e-5	1.74e-5	-1.11e-5	-1.45e-4	-1.52e-4	-132e-4
	(1.95e-4)	(8.28e-5)	(5.75e-4)	(3.70e-5)	(4.03e-5)	(2.76e-4)	(1.75e-4)	(1.82e-4)	(1.54e-4)

注：①变量对应括号内为估计值的标准误；②***、**和*分别表示在1%、5%和10%的水平上显著。

资料来源：由笔者分析并整理而成。

有必要进一步进行模型筛选，具体方法同本章第三节。

2. 分产业样本的空间杜宾模型回归结果

对剔除不显著空间滞后项后的固定效应和随机效应模型进行 Wald 检验和 LR 检验，并比较空间杜宾模型和空间自相关模型 AIC 和 BIC 的大小，最终选择空间杜宾模型。在采用第一、二、三产业地理空间权重矩阵（W_{jlyc}、W_{jlec}、W_{jlsc}）对分产业样本进行回归的同时，列出了采用经济空间权重矩阵（W_{jjfzyc}、W_{jjfzec}、W_{jjfzsc}）和嵌套空间权重矩阵（W_{jjlcyc}、W_{jjlcec}、W_{jjlcsc}）进行回归的结果，以检验模型和结果的稳健性。

回归结果列出了各分样本经过豪斯曼检验后所选的模型，所有方程的 Wald 检验和 LR 检验均拒绝了 $H_0: \theta = 0$ 和 $H_0: \theta = -\delta\beta$ 的原假设，同时拒绝空间杜宾模型退化为空间自相关模型，因此根据豪斯曼检验结果选择相应的空间杜宾模型进行回归。从所有空间杜宾模型中政府补助率（rgovsub）的回归系数来看，第二、三产业分样本三大权重矩阵模型的回归结果均表明，财税激励对企业 TFP 具有显著的抑制作用，而对第一产业则具有一定的促进作用。回归结果还给出了分产业样本中政府补助率（rgovsub）的空间滞后项的回归系数及模型检验的结果，但滞后项的存在可对模型的点估计值带来一定的影响，综合直接效应和空间溢出效应来分析财税激励对企业 TFP 的影响。从回归情况来看，分产业样本基于三大权重矩阵的模型中，政府补助率（rgovsub）的直接效应依次为 0.562（2.288、1.643）、－0.324（－0.320、－0.331）和－0.217（－0.220、－0.255），与政府补助率（rgovsub）的回归系数非常接近，且显著性是一致的，因而后文中重点通过间接效应考察空间溢出效应，即企业获得的财税政策支持对其他相关企业 TFP 的影响。

3. 分产业样本的空间溢出效应分析

结合第一产业分样本空间杜宾模型产生的空间溢出效应估计结果，分析政府补助率（rgovsub）及控制变量对相关企业 TFP（lntfp_lpy）的空间溢出效应。采用三大矩阵回归的结果表明，政府补助率（rgovsub）的空间溢出效应均大于零，从而当政府采取财税政策对第一产业中的企业进行支持时，将促进相关企业 TFP 的提升，囿于第一产业样本容量，其显著性不足。

回归结果还列出了第二、第三产业分样本的空间溢出效应。第二产业企业政府补助率（rgovsub）产生的空间溢出效应具有显著性，在三大矩阵模型回归中依次为 1.432、1.442 和 4.789，对第二产业企业实施财税政策对其他相关企业具有较大的促进作用，假设 2 成立，这与全样本模型分析的结论也是一致的。

从控制变量来看，所有的模型均表明，控制变量中企业真实 Lerner 指数、现金流量的空间溢出效应较大，表明企业市场势力和现金流量对其他相关企业 TFP 具有积极影响。第三产业企业政府补助率（rgovsub）的空间溢出效应也具有显著性，在三大矩阵模型回归中依次为 1.429、1.101 和 2.122，整体均较第二产业偏小，主要控制变量的空间溢出效应也普遍小于第二产业，而第一产业控制变量的空间溢出效应最小。

第五节　不同样本及层面回归结果的比较

分析企业层面不同样本中财税激励的回归系数、滞后项系数及其对企业 TFP 的直接效应和空间溢出效应[①]，比较不同样本中财税激励对企业 TFP 的影响。考虑到单从企业层面开展研究难以兼顾财税政策宏观层面资源配置情况，结合企业层面与省际层面空间回归结果的差异分析明确其成因。

一、企业层面不同样本回归结果的比较

为了比较企业层面不同样本中财税激励对企业 TFP 的影响，对基于地理空间权重矩阵、经济空间权重矩阵和嵌套空间权重矩阵的空间杜宾模型得出的财税激励回归系数和滞后项系数进行比较。根据前文的回归结果，全样本中基于三种不同权重矩阵得出的政府补助率（rgovsub）回归系数均在 1% 显著水平下为负，系数分别为 -0.228、-0.224 和 -0.243，表明财税激励对企业 TFP 具有显著的负向影响，滞后项系数分别为 1.937、1.822 和 1.046，显著性水平均为 1%，表明企业 TFP（lntfp_lpy）存在正向空间溢出效应。从分区域样本来看，东中部政府补助率（rgovsub）的回归系数显著为负而所有区域滞后项回归系数均为正。从分产业样本回归情况来看，除第一产业之外，第二、第三产业政府补助率（rgovsub）及其滞后项的回归系数均是显著的，且前者为负后者为正，这与第四章的

---

　　① 财税政策回归系数和滞后项系数的点估计值也可用于分析财税政策对企业全要素生产率的影响，但考虑到由于空间计量模型中存在滞后项使点估计结果存在偏误，主要采用直接效应和空间溢出效应来分析财税政策对企业全要素生产率的影响。

结论是基本一致的。

为规避空间计量模型中点估计的有偏性（Lesage and Pace，2008；Elhorst，2014），本章主要通过直接效应和空间溢出应来考察财税激励对企业 TFP 的影响。

企业层面全样本中政府补助率（rgovsub）具有显著的直接效应，估计值为 -0.222，空间溢出效应为 3.638，表明财税激励的空间溢出效应为正且远远大于其直接效应，假设 3 不成立。从分区域样本来看，无论采用何种空间权重矩阵进行分析，东部政府补助率（rgovsub）的直接效应均在 1% 显著水平下显著为负，其回归系数分别为 -0.271、-0.267 和 -0.292，该系数在中部也显著为负，且东、中部系数均小于西部。

通过对各分样本中财税激励产生的空间溢出效应的比较还发现，总体而言，对企业实施财税激励通常能够促进其他相关企业 TFP 的提升，其中西部地区最大而东部地区最小。从分产业样本来看，政府补助率（rgovsub）的直接效应显著为负（第一产业除外）。整体而言，财税激励产生的空间溢出效应在分产业样本中均为正，其中第二产业最大，第三产业次之，第一产业最小。具体而言，无论采用何种空间权重矩阵进行分析，政府补助率（rgovsub）的直接效应在第一产业均大于零，其空间溢出效应的回归系数在三大矩阵模型中依次为 1.177、0.581 和 1.936，企业政府补助率（rgovsub）的直接效应和空间溢出效应在第二产业均具有显著性，在三大矩阵的模型回归中，前者的系数依次为 -0.324、-0.320 和 -0.331，后者的系数依次为 1.432、1.442 和 4.789，对第二产业企业实施财税政策抑制了企业 TFP 的提升，而对其他相关企业 TFP 具有较大的促进作用，这与全样本模型分析的结论是一致的。相比之下，第三产业企业政府补助率（rgovsub）的直接效应和空间溢出效应也具有显著性，前者在三大矩阵模型中回归系数依次为 -0.217、-0.220 和 -0.255，后者回归系数依次为 1.429、1.101 和 2.122，整体均较第二产业偏小。

二、企业层面与省际层面空间计量模型的比较

与本书的主题相关的空间计量分析，其空间权重矩阵通常建立在区域层面面状数据基础上，反映的是区域内观测对象在区域层面的表现，从而人为地形成"黑箱"，不利于刻画微观经济主体的运行状况，李小建和樊新生（2006）建议细化空间结构的研究尺度，周文通和孙铁山（2016）也认为，大空间尺度下的空间溢出效应机制并不清晰。事实上，地理学、经济地理学上也有与本章类似的基

于微观企业数据点研究（李佳洺等，2016）。为形成比较，企业层面仍采用本章第三节的数据和矩阵，而省际层面空间权重矩阵则采用空间邻接 0 - 1 矩阵，并通过右乘各省人均实际 GDP 与全国人均实际 GDP 的比值进行经济加权，嵌套空间权重矩阵的形成方法也与本章第二节相似，并通过标准化保证结果的可比性。

三、企业层面与省际层面分析结果的差异性及原因分析

考虑到单从企业层面开展研究难以兼顾财税政策宏观层面资源配置情况，通过企业层面与省际层面空间分析结果的差异分析明确其成因。根据回归结果，政府补助率（rgovsub）的回归系数在各模型均具有显著性，且省际层面的回归系数更小。从滞后项系数来看，政府补助率（rgovsub）的滞后项系数在企业层面各模型中均显著且较在省际层面各模型中的滞后项系数大，这可能是由于这种空间溢出更多地表现为作为经济主体的企业之间，而非省与省之间。

而从直接效应和空间溢出效应来看，通过比较发现，从省际层面来看，企业政府补助率（rgovsub）的直接效应在三大矩阵模型回归中绝对值大于企业层面，表明从省际层面而言，实施财税政策对企业 TFP 产生的负面影响大于企业层面的影响。这是由于财税激励对企业 TFP 的影响在企业层面和省际层面的内在形成机制存在差异，在企业层面，创新和规模经济起着重要的作用，而在省际层面，省际贸易、劳动力流动等具有重要的影响（窦雪霞等，2009）。

第六节　本章小结

考虑到财税激励对企业 TFP 的空间溢出效应，构建企业层面空间权重矩阵，并利用空间杜宾模型，基于 2012 ~ 2017 年平衡面板数据，分析财税激励对企业 TFP 的影响，得出如下结论：

第一，提出基于企业层面点状数据的地理空间权重矩阵的思想，为进行稳健性检验，同时构造经济空间权重矩阵和嵌套空间权重矩阵。

第二，考察被解释变量和核心解释变量的全局空间相关性，全局莫兰指数（Moran's I）均表明，企业 TFP（lntfp_ lpy）和政府补助率（rgovsub）具有正的空间自相关性。

第三，在此基础上甄选空间计量模型，采用固定效应空间杜宾模型，综合直接效应和空间溢出效应来分析财税激励对企业 TFP 的影响，全样本实证结果表明，政府补助率（rgovsub）具有显著负向直接效应，支持财税激励抑制了企业 TFP 的提升，但通过空间溢出效应对其他相关企业 TFP 起促进作用的研究假设，分区域样本、分产业样本中，东、中部和第二、第三产业的实证结果与全样本是一致的，考虑到西部和第一产业分样本实际，从而总体上仍支持以上研究假设。

第六章　财税激励对企业 TFP
影响的异质性及来源

异质性（Heterogeneity）即群体中个体之间特征的差异性，反映个体之间差异的本质属性（向立志，2014；裴江南和王婧贤，2018）。本章在第四、第五节中通过实证分析，明确了财税激励对企业 TFP 的影响。本章分析其异质性及来源，主要任务是回答"财税激励的影响是否具有异质性，其影响的来源是什么"的问题。在内容上，首先明确不同样本中财税激励影响的异质性，并以京津冀制造业为例，通过曼奎斯特指数法将企业 TFP 增长分解为技术效率和技术进步两项，进而用分解项分别与财税激励政策进行回归，明确财税激励影响的来源，最后分析分区域样本和分产业样本中空间溢出效应的来源。

第一节　财税激励对企业 TFP 影响的异质性

首先分析不同样本中主要变量的分布特征，进而明确不同样本中财税激励对企业 TFP 影响的异质性。

一、不同样本中主要变量的分布特征

我国在"十一五"区域发展战略规划中，要求全国形成"四大板块"协调发展的区域格局，并制定了配套的财税政策（胡春阳等，2017），这在表6－1中得到了体现，从表中可以看出，2008～2017 年中部和西部财政政策指数平均值分别为 0.00977 和 0.00987，高于东部和全国平均值，从税收政策指数来看，中

西部税收指数与东部和全国平均值大致相当，然而从 TFP 指数来看，2008～2017年中部和西部 TFP 指数平均值分别为 17.070 和 16.900，仍低于东部和全国平均值，政府对中西部实施的财税政策似乎并未对企业 TFP 起到促进作用。中共十六届五中全会提出"三农"问题后，我国加大了对第一产业的财政支持力度，根据表6-1，第一产业财政政策指数和税收政策指数分别为 0.013 和 0.182，远高于第二、第三产业，而从 TFP 指数来看，2008～2017 年第一产业 TFP 指数平均值为 16.648，低于第二、第三产业，相比之下，政府对第一产业实施的财税政策似乎也未对企业 TFP 起到促进作用，但这符合投入要素配置的基本规律和配第一克拉克定律。

表 6-1　2008～2017 年不同样本中主要变量的分布特征分析

	全国	东部	中部	西部	第一产业	第二产业	第三产业
财政政策指数	9.373e-03	9.186e-03	9.770e-03	9.878e-03	1.338e-02	9.477e-03	8.929e-03
税收政策指数	0.029	0.031	0.026	0.025	0.182	0.028	0.030
TFP 指数	17.112	17.159	17.070	16.900	16.648	17.061	17.177

注：①表中 TFP 指数为采用 LP 方法测算的企业 TFP，税收政策指数为税收优惠率，财政政策指数为政府补助率；②第三产业中剔除了教育、卫生和社会工作、综合 3 个行业。

资料来源：由笔者根据样本数据整理而成。

二、不同样本中影响的异质性

以上仅是在未剔除其他控制变量影响条件下得出的初步论断，要得到相对准确的论断，需要通过科学的数据选择和计量模型回归得出估计结果，进而进行分析。表6-2 中财税激励影响系数是按第四章基本回归相同的处理方法得出的控制时间、行业后的结果，同时图 6-1 给出了不同样本中财税激励与企业 TFP 的拟合情况。

表 6-2　2008～2017 年不同样本中财税激励的影响系数

	全国	东部	中部	西部	第一产业	第二产业	第三产业
财政政策影响系数	-0.435*** (0.042)	-0.439*** (0.054)	-0.269*** (0.071)	-0.623*** (0.141)	2.780 (2.982)	-0.376*** (0.038)	-1.478** (0.614)
税收政策影响系数	-0.367*** (0.040)	-0.369*** (0.051)	-0.199*** (0.071)	-0.565*** (0.124)	2.707 (2.968)	-0.311*** (0.037)	-1.424** (0.602)

注：①变量对应括号内为估计值的标准误；②***、**和*分别表示在 1%、5% 和 10% 的水平上显著；③第三产业中剔除了教育、卫生和社会工作、综合三个行业。

资料来源：由笔者根据样本数据整理而成。

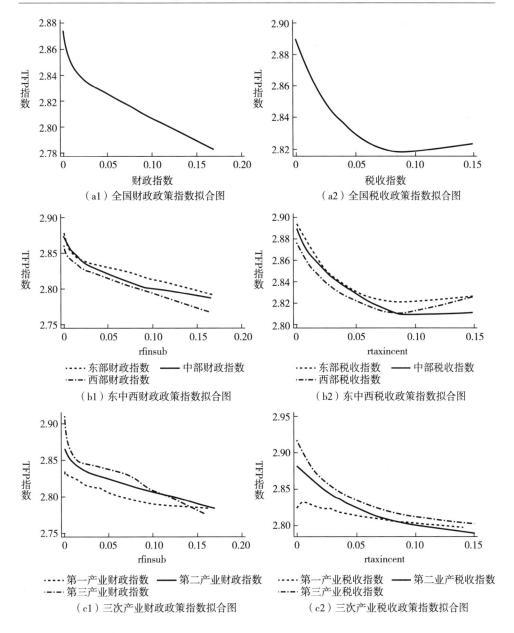

图 6 - 1　不同样本中财税激励指数与企业 TFP 拟合情况

资料来源：由笔者研究整理而成。

根据表 6 - 2，2008 ~ 2017 年，全样本中财政政策和税收政策对企业 TFP 的影响均显著为负，平均影响系数分为 - 0.435 和 - 0.367。从分区域样本的回归情

况来看，东部财政政策和税收政策与企业 TFP 之间负相关，回归系数分别为
－0.439和－0.369，显著性 P 值均为 0.000，对中部和西部分样本的回归结果仍
支持财政政策和税收政策与企业 TFP 之间负相关的结论，即财税激励抑制了企业
TFP 的提升，但将东部、中部、西部三个分样本的回归结果进行比较发现，财政
政策和税收政策对企业 TFP 的回归系数在东西部分样本中大致相当，而在中部分
样本中的绝对值最小，表明对东西部企业实施财税政策产生的 TFP 抑制作用大于
中部，其重要原因在于表 6－2 未考虑空间溢出效应，结合第五章的分析，考虑
空间溢出效应后西部财税激励与 TFP 回归系数显著为正，而东中部回归系数大致
相当且显著为负，为当前实施《西部大开发"十三五"规划》提供了依据。

从分产业样本的回归情况来看，财政政策和税收政策的回归系数在第一产业
均为正，但并不显著，其显著性 P 值分别为 0.351 和 0.362，这主要是由于第一
产业分样本中企业数量较少造成的。相反，财政政策和税收政策在第二、三产业
中回归结果与全样本是一致的，两者均支持财税激励抑制了企业 TFP 提升的结
论，将分产业样本中财税激励的影响系数进行比较，财税激励在第二、第三产业
中对企业 TFP 均具有抑制作用，而在第一产业中可能具有积极的促进作用。

第二节　财税激励对企业 TFP 影响的来源

基于第三章关于企业 TFP 增长来源的理论分析，采用曼奎斯特指数法对企业
TFP 增长进行分解，并分析全国 2013～2017 年 TFP 增长及分解项趋势，以京津
冀制造业为例，分析财税激励与技术效率、技术进步两个分解项之间的关系，明
确财税激励影响的来源。首先，利用 LM 检验、F 检验和豪斯曼检验，甄选面板
数据回归模型。其次，将财税激励变量分别与京津冀制造业企业技术效率（eff-
ch）和技术进步（techch）进行回归分析，得出财政补贴率和实际税收优惠率与
技术效率（effch）和技术进步（techch）的关系，从而回答"财税激励对企业
TFP 影响的来源是什么"的问题，在此基础上，将京津冀制造业及全国层面回归
结果进行比较，为有针对性地制定和实施财税政策提供依据。此外，本节还就财
税激励产生的空间溢出效应是否为企业 TFP 的重要来源进行了阐述，并利用前文
中构建的包含溢出过程和吸收过程的空间溢出效应作用路径模型，分析溢出过程

和吸收过程中，政府对企业实施的财税政策产生的空间溢出效应对其他相关企业 TFP 的影响情况。

一、TFP 增长分解

1. 数据来源及指标处理

尝试参考胡春阳和王展祥（2020）的做法，采用曼奎斯特指数法对企业 TFP 增长进行分解。为获得企业 TFP 增长分解项，分别选取投资、员工总数和营业总收入（sale）作为投入和产出指标，其中投资采用韩超等（2017）的做法计算。本章的基础数据来源于 Wind 金融数据库，考虑到 2012 年之前指标值缺失较多，为了尽可能地保留样本，选取 2012～2017 为研究期，剔除金融业、综合、教育、卫生和社会工作 4 个产业以及西藏样本，剔除四则运算、（被）解释变量和控制变量中存在缺失值的决策单元形成平衡面板，样本容量为 2534 个，其中包括京津冀制造业子面板，剔除数据录入过程中存在明显错误的异常值。

2. 测算结果

采用 DEAP2.1 得出全国 2013～2017 年平均企业 TFP 增长五个分解项（见表 6-3）。结合表 6-3 和图 6-2 来看，2013～2017 年全国企业 TFP 总体较平稳，除 2012～2013 年和 2014～2015 年出现负增长外，其余年份均有所增长，总体而言，全国企业 TFP 呈现增长趋势。结合企业 TFP 增长分解指标，五个阶段中技术效率总体呈下降趋势而技术进步保持了强劲的增长态势，这反映了决策单元整体最优技术变化情况，符合技术进步的基本趋势（Fare et al., 1994）。

表 6-3 全国 2013～2017 年企业 TFP 增长分解情况

年份	TFP 变化 （tfpch）	技术效率 （effch）	技术进步 （techch）	纯技术效率 （pech）	规模效率 （sech）
2013	0.982	0.746	1.316	0.825	0.904
2014	1.016	0.680	1.494	1.103	0.616
2015	0.954	0.820	1.163	1.069	0.767
2016	1.027	0.799	1.285	0.989	0.808
2017	1.107	0.620	1.785	0.859	0.722
样本均值	0.985	0.793	1.242	0.964	0.823

资料来源：由笔者分析整理而成。

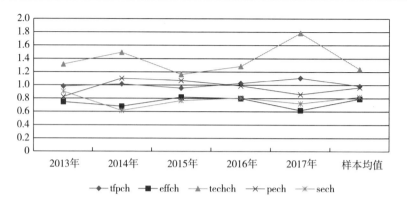

图 6 – 2 全国 2013～2017 年 TFP 增长及分解项趋势图

资料来源：由笔者分析整理而成。

表 6 – 4 京津冀制造业 2013～2017 年企业 TFP 增长分解情况

年份	TFP 变化 （tfpch）	技术效率 （effch）	技术进步 （techch）	纯技术效率 （pech）	规模效率 （sech）
2013	0.927	0.687	1.349	0.779	0.882
2014	1.007	0.646	1.559	1.026	0.630
2015	0.912	0.731	1.248	1.027	0.712
2016	1.093	0.884	1.236	1.044	0.847
2017	1.081	0.584	1.851	0.835	0.699

资料来源：由笔者分析整理而成。

表 6 – 4 给出了京津冀制造业 2013～2017 年企业 TFP 增长分解情况，这与全国企业 TFP 增长分解结果是大体一致的，但京津冀制造业的技术效率较全国低，这也是符合产业实际的。

二、影响的来源分析——以京津冀制造业为例

1. 模型构建及指标说明

由于本章的面板数据截面维度（n）大于时间维度（T），拟采用短面板进行分析。首先构建如下技术效率（$effch_{it}$）和技术进步（$techch_{it}$）回归模型：

$$effch_{it} = \alpha_0 + \beta_1 rfinsub_{it} + \beta_2 rtaxincent_{it} + \gamma_1 size_{it} + \gamma_2 lve_{it} + \gamma_3 incap_{it} +$$

$$\gamma_4 turnasset_{it} + \gamma_5 lnfap_{it} + \gamma_6 tobinq_{it} + \gamma_7 soo_{it} + \gamma_8 sot_{it} + \gamma_9 rtech_{it} +$$

$$\gamma_{10}cf_{it} + \gamma_{11}xm_{it} + \gamma_{12}lerreal_{it} + \gamma_{13}radm_{it} + \delta z_i + u_i + \varepsilon_{it} \qquad (6-1)$$

$$techch_{it} = \varphi_0 + \varphi_1 rfinsub_{it} + \varphi_2 rtaxincent_{it} + \eta_1 size_{it} + \eta_2 lve_{it} + \eta_3 incap_{it} +$$

$$\eta_4 turnasset_{it} + \eta_5 lnfap_{it} + \eta_6 tobinq_{it} + \eta_7 soo_{it} + \eta_8 sot_{it} + \eta_9 rtech_{it} +$$

$$\eta_{10}cf_{it} + \eta_{11}xm_{it} + \eta_{12}lerreal_{it} + \eta_{13}radm_{it} + \delta z_i + u_i + \varepsilon_{it} \qquad (6-2)$$

其中，u_i 和 z_i 分别表示企业 i 的个体异质性截距项和个体特征，ε_{it} 表示残差项，其余解释变量和控制变量在前两章已有界定。

本章中被解释变量技术效率（$effch_{it}$）和技术进步（$techch_{it}$）的数据由上一节 TFP 增长分解得出，核心解释变量和控制变量基础数据来自 Wind 金融数据库，其相关指标沿用第四章相应年份的指标值。

2. 基本回归及稳健性检验

首先在混合 OLS、固定效应和随机效应三种模型进行甄选，其结果在表 6-5 下半部分列出。从方程（1）来看，LM 检验强烈接受不存在个体随机效应的原假设，从而混合 OLS 回归模型优于随机效应模型，F 检验统计量为 1.10，显著性 P 值为 0.282，接受所有个体效应 ui 均为 0 的原假设，从而混合 OLS 回归模型优于固定效应模型，豪斯曼检验 P 值为 0.001，强烈拒绝个体效应 u_i 与解释变量、复合扰动项之间不相关的原假设，此时固定效应模型优于随机效应模型，综合而言，混合 OLS 回归模型较另外两种模型更具有优势。

表 6-5　京津冀制造业样本中技术效率及技术进步基本回归及稳健性检验结果

解释变量	（1）effch OLS 基本回归	（2）techch OLS 基本回归	（3）effch OLS 稳健性检验	（4）techch OLS 稳健性检验
rfinsub	-4.843 *** (1.863)	-0.779 (1.098)	—	—
rtaxincent	-3.123 (1.894)	-0.918 (1.122)	—	—
rgovsub	—	—	-4.391 ** (1.807)	-0.978 (1.062)
size	-0.013 (0.027)	-0.026 * (0.016)	1.78e-3 (0.025)	-0.028 * (0.015)
lve	0.016 (0.164)	-0.013 (0.097)	0.091 (0.150)	-4.84e-4 (0.088)

续表

解释 变量	（1）effch OLS 基本回归	（2）techch OLS 基本回归	（3）effch OLS 稳健性检验	（4）techch OLS 稳健性检验
intencap	−0.276	−0.025	−0.191	−0.069
	(0.294)	(0.171)	(0.275)	(0.158)
turnasset	0.557***	−0.020	0.545***	−0.019
	(0.114)	(0.068)	(0.110)	(0.064)
lnfap	0.152***	−0.066**	0.118***	−0.063***
	(0.045)	(0.026)	(0.043)	(0.024)
tobinq	0.049**	4.46e−3	0.055***	−3.47e−3
	(0.021)	(0.012)	(0.019)	(0.011)
soo	6.19e−4	5.35e−4	0.001	1.20e−4
	(2.37e−3)	(1.36e−3)	(0.002)	(1.24e−3)
sot	−5.05e−4	7.71e−4	−1.73e−3	1.43e−3
	(2.41e−3)	(1.41e−3)	(2.25e−3)	(1.31e−3)
rtech	0.007***	−0.003***	0.005**	−0.003**
	(0.002)	(0.001)	(0.002)	(0.001)
cf	−0.910*	0.416	−0.671	0.365
	(0.516)	(0.303)	(0.447)	(0.254)
xm	0.112	0.020	0.052	0.048
	(0.144)	(0.083)	(0.134)	(0.076)
lerreal	−0.250	−0.067	0.064	−0.069
	(0.196)	(0.115)	(0.170)	(0.096)
radmin	2.92e−3	−3.76e−3	5.67e−3	−4.04e−3
	(4.62e−3)	(2.69e−3)	(4.42e−3)	(2.50e−3)
c	−1.333**	2.799***	−1.291**	2.797***
	(0.633)	(0.365)	(0.600)	(0.341)
year	控制	控制	控制	控制
观测数	319	324	350	357
R^2	0.548	0.778	0.522	0.769
Hausman 检验 （P Value）	42.77***	17.49	34.72**	20.12
	(0.001)	(0.557)	(0.010)	(0.326)

续表

解释 变量	（1）effch OLS 基本回归	（2）techch OLS 基本回归	（3）effch OLS 稳健性检验	（4）techch OLS 稳健性检验
F 检验 （P Value）	1.10 （0.282）	0.73 （0.937）	0.93 *** （0.665）	0.78 *** （0.926）
LM 检验 （P Value）	0.000 （1.000）	0.000 （1.0000）	0.000 （1.000）	0.000 （1.0000）

注：①解释变量对应括号内为估计值的标准误；② *** 、 ** 和 * 分别表示在 1% 、5% 和 10% 的水平上显著。

资料来源：由笔者分析并整理而成。

事实上，由于本节并非严格的平衡面板数据，因而豪斯曼检验仅作为参考，尽管此处并不影响最终模型的比较结果。类似地，对方程（2）的检验也支持模型中不存在个体效应的假设，因而均采用混合 OLS 回归模型进行估计。为节约篇幅，表 6 - 5 仅列出了控制时间效应分别以技术效率及技术进步为被解释变量进行基本回归和稳健性检验的情况①，表 6 - 5 下半部分为对混合 OLS 回归模型、固定效应模型和随机效应模型进行模型优劣检验的情况。

从方程（1）的回归结果来看，财政补贴率在 1% 显著水平下与技术效率（effch）负相关，相关系数高达 -4.843，实际税收优惠率也与技术效率（effch）负相关，相关系数高达 - 3.123，但并不显著。方程（2）给出了技术进步（techch）与财政补贴率、实际税收优惠率等的回归情况，结果均为负但回归系数较小且不显著，因而财税激励对企业 TFP 的影响主要来自技术效率。采用政府补助率（rgovsubwin）作为被解释变量的代理变量进行稳健性检验（见方程（3）至方程（4）），得到了基本一致的结论。

3. 结果分析及比较

在上一节中，通过将财税激励变量分别与京津冀制造业企业技术效率（effch）和技术进步（techch）进行回归分析，明确财税激励对企业 TFP 影响的主要来源。考虑到特定区域、特定产业可能存在其特殊性，难以代表财税激励与全样本中企业技术效率和技术进步之间关系的一般性规律，采用 2012～2017 年全国

---

① 由于此处系以京津冀制造业为例，分别将财税政策与技术效率、技术进步进行回归，分析财税政策影响的来源，并未涉及其他产业，因而仅控制年份而不控制行业。

样本重新分析，其结果如表6-6所示：

表6-6 全国样本中技术效率和技术进步基本回归及稳健性检验结果

解释变量	（1）effch OLS 基本回归	（2）techch RE 基本回归	（3）effch OLS 稳健性检验	（4）techch RE 稳健性检验
rfinsub	− 1.318 *** （0.439）	− 0.292 （0.283）	—	—
rtaxincent	− 0.893 * （0.494）	− 0.291 （0.344）	—	—
rgovsub	—	—	− 1.769 *** （0.462）	− 0.377 （0.256）
size	− 0.002 （0.007）	− 0.010 ** （0.004）	1.67e − 3 （0.007）	− 0.012 *** （0.004）
lve	0.044 （（0.040）	0.027 （0.027）	0.037 （0.035）	0.017 （0.024）
incap	− 0.120 ** （0.058）	0.269 *** （0.040）	− 0.105 * （0.054）	0.235 *** （0.038）
turnasset	0.055 *** （0.013）	0.039 *** （0.009）	0.058 *** （0.013）	0.039 *** （0.009）
lnfap	0.040 *** （9.12e − 3）	− 0.120 *** （8.55e − 3）	0.032 *** （8.58e − 3）	− 0.112 *** （8.01e − 3）
tobinq	9.72e − 3 ** （4.29e − 3）	1.70e − 4 （3.35e − 3）	9.42e − 3 ** （3.78e − 3）	− 1.62e − 4 （2.80e − 3）
soo	− 1.10e − 3 ** （5.19e − 4）	9.50e − 4 *** （3.20e − 4）	− 6.78e − 4 （4.94e − 4）	7.54e − 4 ** （3.07e − 4）
sot	− 2.10e − 4 （5.12e − 4）	− 3.67e − 4 （3.33e − 4）	− 3.89e − 4 （4.85e − 4）	− 2.30e − 4 （3.08e − 4）
rtech	1.14e − 3 ** （4.54e − 4）	− 4.35e − 4 （3.60e − 4）	9.82e − 4 ** （4.32e − 4）	− 3.59e − 4 （3.45e − 4）
cf	0.123 （0.098）	− 0.077 （0.071）	0.152 * （0.092）	− 0.076 （0.066）
xm	7.49e − 4 （0.025）	0.012 （8.20e − 3）	0.005 （0.024）	− 5.70e − 3 （0.007）

续表

解释 变量	(1) effch OLS 基本回归	(2) techch RE 基本回归	(3) effch OLS 稳健性检验	(4) techch RE 稳健性检验
lerreal	-0.0741 (0.053)	0.0314 (0.042)	-0.0382 (0.045)	0.0146 (0.034)
radm	6.47e-4 (9.35e-4)	-1.60e-3 ** (6.38e-4)	1.34e-3 (8.95e-4)	-1.93e-3 *** (6.09e-4)
c	0.256 (0.167)	2.996 *** (0.128)	0.275 * (0.154)	2.959 ** (0.115)
ind	控制	控制	控制	控制
year	控制	控制	控制	控制
观测数	4568	4633	5029	5107
R^2	0.579	0.784	0.569	0.579
Hausman 检验 (P Value)	209.34 *** (0.000)	—	231.17 *** (0.000)	—
F 检验 (P Value)	0.83 (1.000)	0.90 (0.991)	0.83 (1.000)	0.89 (0.994)
LM 检验 (P Value)	0.000 (1.000)	45.26 *** (0.000)	0.000 (1.000)	51.63 *** (0.000)

注：①解释变量对应括号内为估计值的标准误；②***、**和*分别表示在1%、5%和10%的水平上显著。

资料来源：由笔者分析并整理而成。

从表6-6来看，全国层面回归得到的核心解释变量回归系数的显著性和符号与京津冀制造业大体是一致的，根据回归结果，技术效率（effch）和技术进步（techch）均与财政补贴率、实际税收优惠率负相关，从而财税激励不利于技术效率（effch）的提升。稳健性检验的结果也表明，技术效率（effch）和实际税收优惠率与政府补助率（rgovsub）负相关且前者显著，从而结果是稳健的，表明就全国层面而言，财税激励对企业 TFP 的影响同样主要来自技术效率。

此外，通过对京津冀制造业及全国层面回归结果的比较还发现，财税激励对企业技术效率（effch）和技术进步（techch）的抑制作用，前者均大于后者，这事实上印证了第五章全样本分析及分产业样本回归的结论，也再次表明财税激励影响在不同区域和产业的差异性，可为有针对性地制定和实施财税激励提供依据。

三、空间溢出效应的来源分析

1. 不同样本中的空间溢出效应及来源分析

在第五章的基础上得出不同样本中，财税激励对企业 TFP 产生的空间溢出效应的情况，考虑到本节主要通过财税激励对其他相关企业 TFP 的影响来分析空间溢出效应的来源，为节约篇幅，仅列出采用地理空间权重矩阵进行固定效应空间杜宾模型估计的结果（见表 6 - 7）。

表 6 - 7   不同样本中的空间溢出效应

	全样本	东部	中部	西部	第一产业	第二产业	第三产业
财税激励	3. 638 ***	0. 945	0. 812	3. 758 ***	1. 177	1. 432 **	1. 429 **
	(0. 401)	(1. 454)	(0. 784)	(0. 978)	(0. 860)	(0. 632)	(0. 565)
企业规模	0. 017 *	- 0. 008	1. 54e - 3	0. 036 **	8. 35e - 4	0. 012 ***	- 0. 003 ***
	(0. 011)	(0. 014)	(6. 08e - 3)	(0. 017)	(5. 37e - 3)	(0. 005)	(0. 005)
财务杠杆	- 0. 046 ***	- 0. 041 **	- 0. 016	- 0. 038 *	0. 006	- 0. 130 **	- 0. 021 **
	(0. 013)	(0. 019)	(0. 013)	(0. 023)	(0. 010)	(0. 063)	(0. 008)
资本密集度	- 0. 032 ***	- 0. 039 *	- 0. 005	- 0. 045	0. 068	- 0. 025 ***	- 0. 017 **
	(0. 010)	(0. 020)	(0. 005)	(0. 032)	(0. 043)	(0. 009)	(0. 007)
资产周转率	0. 038 ***	- 0. 102 *	0. 005	0. 020 **	- 0. 097	0. 018 ***	0. 008 ***
	(0. 010)	(0. 056)	(0. 005)	(0. 010)	(0. 091)	(0. 006)	(0. 003)
人均固定资产	0. 031 *	0. 004 **	- 6. 36e - 4	- 0. 004	- 0. 011	1. 56e - 3 *	0. 028 ***
	(0. 016)	(0. 002)	(9. 46e - 4)	(0. 004)	(0. 009)	(8. 17e - 4)	(0. 009)
托宾 Q	- 0. 007 ***	- 0. 005 **	- 0. 007 ***	- 0. 007	- 0. 011	- 0. 005 ***	- 0. 007 ***
	(0. 002)	(0. 002)	(0. 003)	(0. 005)	(0. 012)	(0. 002)	(0. 002)
现金流量	0. 032 ***	0. 382 ***	0. 289 ***	0. 018	0. 470 ***	0. 264 ***	0. 161 ***
	(0. 010)	(0. 126)	(0. 076)	(0. 024)	(0. 146)	(0. 066)	(0. 057)
真实 Lerner 指数	0. 130 ***	0. 138 ***	0. 028	0. 091 **	0. 065 *	0. 072 ***	0. 088 ***
	(0. 035)	(0. 060)	(0. 023)	(0. 045)	(0. 040)	(0. 024)	(0. 029)

资料来源：由笔者分析并整理而成。

根据表 6-7 的估计结果，东部财税激励产生的空间溢出效应为 0.945，综合采用各空间权重矩阵进行回归的结果，东部财税激励的挤出效应和竞争效应发挥了主要作用，从控制变量回归情况来看，空间溢出效应最大的为现金流量和真实 Lerner 指数，表明企业盈利质量和市场竞争力对其他相关企业 TFP 具有积极的影响。相比之下，财税激励产生的空间溢出效应在中部和西部分样本中均大于零，其中后者空间溢出效应最大（3.758），且具有显著性，财税激励将大大地促进其他相关企业 TFP 的提升，这表明在西部实施财税激励政策具有重要的示范作用。

在分产业样本中，第二、第三产业财税激励的回归系数均显著为正，第一产业财税激励的回归系数也为正但不够显著，表明财税激励具有正向空间溢出效应，其中在第二、第三产业中大体相当而在第一产业中则较小。此外，在各样本中，财税激励作为解释变量产生的空间溢出效应是所有变量中最大的，因而财税激励产生的空间溢出效应是企业 TFP 增长的重要来源。

2. 溢出过程和吸收过程对空间溢出效应的影响分析

本章在第二章中构建了一个包含溢出过程和吸收过程的空间溢出效应作用路径模型，根据这一模型，财税激励产生的综合溢出，通过传统生产要素流动渠道和信息知识流动渠道产生示范效应、竞争效应或挤出效应，并通过"学生"企业自身的吸收来提升"学生"企业 TFP。而财税激励的空间溢出效应是溢出过程和吸收过程相互作用的结果，"老师"企业的溢出渠道和机制以及"学生"企业的吸收方式、研发强度、学习强度、知识基础和经验等均会对空间溢出效应产生影响（Lane and Lubatkin，1988）。从溢出角度来看，西部企业示范效应的影响大于中东部，东部企业竞争效应和挤出效应的影响大于中西部，第一产业企业示范效应的影响大于第二、第三产业，第二、第三产业企业的综合效应大致相当且大于第一产业企业的综合效应。

而从吸收角度来看，国内企业普遍不重视企业吸收能力，相关投入较韩国等国家严重不足，加之作为吸收方的"学生"企业与作为溢出方的"老师"企业相比，往往在研发强度、个体认知、组织结构及战略等方面存在较大差距，学习强度、整合能力、知识基础和经验也往往不足，这是影响空间溢出效应吸收效果的重要方面。

第三节 本章小结

在前文分析财税激励对企业 TFP 影响的基础上，进一步明确该影响的异质性及来源，作为财税政策制定和实施的理论依据。具体地，通过财政政策指数、税收政策指数、TFP 指数等分布特征及财税激励影响系数异质性的分析，明确不同样本中财税激励影响的异质性，并以京津冀制造业为例，通过曼奎斯特指数法对企业 TFP 增长进行分解，并逐一与财税激励进行回归，明确财税激励影响企业 TFP 的来源，最后通过财税激励对其他相关企业 TFP 的影响来分析空间溢出效应的来源，得出如下结论：

第一，不同样本中财税激励对企业 TFP 的影响具有异质性。对 2008～2017 年不同样本中财税激励影响系数的比较分析表明，财税激励在全样本中均具有显著负向影响；分区域样本回归结果仍支持抑制论，其中西部抑制作用最大，中部最小；比较分产业样本中财税激励的影响系数发现，财税激励对第二、第三产业企业 TFP 具有抑制作用，而对第一产业则不然。

第二，财税激励对企业 TFP 的影响主要来自对技术效率的抑制作用。采用曼奎斯特指数法对企业 TFP 增长进行分解，并分析全国 2013～2017 年 TFP 增长及分解项趋势，结果表明，我国企业 TFP 总体上呈增长趋势，而技术效率呈下降趋势，以京津冀制造业为例，将企业技术效率（effch）和技术进步（techch）分别与财税激励变量进行回归，得出财税激励不利于技术效率（effch）和技术进步（techch）提升的结论（尤其是前者）。

第三，财税激励是空间溢出效应的重要来源，但不同样本中财税激励产生空间溢出效应的机制存在差异，吸收能力不足严重制约财税激励空间溢出效应的吸收。

第七章　结论、政策建议及展望

第一节　全书总结及政策建议

一、全书总结

提高 TFP 是党的十九大提出的重大战略要求，对于当前经济实现结构转换、动力转换具有重要意义。我国近年来大力实施财税政策，以发挥其"扶持之手"的作用，那么财税激励是否提高了企业 TFP，财税激励资金通过何种路径，如何对企业 TFP 产生影响，其影响来源是什么，是否存在空间溢出效应，在全样本、分区域样本和分产业样本中影响是否具有异质性？围绕这些问题，本书开展了系统的研究。

首先，基于企业微观视角，对财税激励影响企业 TFP 的因素及路径机制进行了理论分析，得出财税激励抑制了企业 TFP 的提升，但同时通过空间溢出效应对其他相关企业 TFP 起到促进作用的结论。

具体地：①在分析企业 TFP 增长来源的基础上归纳其影响因素。②基于财税政策制定、实施全过程的分析，明确财税激励影响企业 TFP 的路径。③构建模型分析财税激励的直接作用机制，并在分析财税激励空间溢出类型、空间溢出渠道和机制，以及溢出吸收过程和吸收能力影响因素等的基础上，构建模型分析财税激励产生的空间溢出效应影响其他相关企业 TFP 的机制，该空间溢出效应是溢出过程和吸收过程相互作用的结果。前者在特定机制的作用下，通过传统生产要素流动、信息知识流动等溢出渠道传递给"学生"企业[1]，通过促进"学生"企业创新进而促进企业 TFP 提升，而最终影响提升程度的大小还与企业的吸收方式有关，同时也受企业吸收能力的制约。④分析财税激励对企业 TFP 的作用机制，从理论上得出财税激励抑制了企业 TFP 的提升但可能通过空间溢出效应对其他相关企业 TFP 起促进作用的结论。

其次，财税激励整体上抑制了企业 TFP 的提升，而对西部和第一产业具有促进作用。在对各类 TFP 测算方法进行梳理和比较的基础上，基于 Wind 金融数据库和历年《中国统计年鉴》的数据，采用主流的 OP 方法、LP 方法测算企业 TFP，进而采用面板回归方法分析财税激励对企业 TFP 的影响，结果表明：

①我国企业 TFP 在研究期内整体呈上升趋势，但存在区域和产业差异。从分区域样本来看，东部地区企业 TFP 高于全国平均水平，而中西部地区则不然，其中西部最低，但所有区域企业 TFP 均呈现上升趋势；从分产业样本情况来看，第三产业企业 TFP 高于全国平均水平，且增长较快，第二产业企业 TFP 自 2011 年以后开始出现下滑，尤其是 2013 年以后，与全国平均水平差距呈现逐年增大趋势，相比之下，第一产业企业 TFP 保持了较好的增长态势，而第二产业已经成为制约我国效率改革的一大障碍。②财税激励整体上抑制了企业 TFP 的提升。基于面板数据建立回归模型，构建两步法 GMM 模型检验企业 TFP 和财政补贴率、实际税收优惠率之间的关系，采用财政补贴率的滞后一期作为工具变量代理部分遗漏变量，解决企业 TFP 与财政补贴之间由于可能存在双向因果关系而产生的内生性问题，并反映财政补贴的自身惯性，同时克服随机误差项中可能存在的系列相关及异方差。两步法 GMM 模型回归结果表明，财政补贴率、实际税收优惠率与企业 TFP 的回归系数均显著为负，从而财税激励整体上抑制了企业 TFP 的增长，其结果与一般面板固定效应模型一致，代理变量稳健性检验也表明该结论是稳健的，而考虑空间因素后的固定效应空间杜宾模型分析仍支持财税激励抑制了企业 TFP 提升的论断。③财税激励对不同区域企业 TFP 的影响具有差异性。采用两步法 GMM 对分区域样本进行基本回归，结果表明，财税激励不利于东部企业 TFP 的提升，对中部分样本和西部分样本的回归结果仍支持财税激励与企业 TFP 负相关的结论，但对东西部企业实施财税政策支持产生的 TFP 抑制作用较中部更大，考虑空间因素后，财税激励对西部企业 TFP 具有一定的促进作用。④在不同的分

---

① Lane 和 Lubatkin（1988）利用"学生"企业阐述吸收能力的概念，见第二章第四节。

产业样本中，财税激励对企业 TFP 的影响不同。基本回归和稳健性检验结果均表明，在第二、第三产业中，财税激励对企业 TFP 均具有抑制作用，通过分产业样本中核心解释变量回归情况的比较还发现，财税激励在第三产业中对企业 TFP 的抑制作用大于第二产业，而在第一产业中可能具有积极的促进作用。

再次，财税激励通过空间溢出效应整体上提升了其他相关企业 TFP，从而对企业自身及其他相关企业的总体效应为正。考虑到政府对企业实施财税政策可能产生的空间溢出效应，构建企业层面空间权重矩阵，并利用空间杜宾模型分析财税激励企业 TFP 的直接效应和空间溢出效应，结果表明：①财税激励对企业 TFP 具有显著的直接效应，且直接效应为负，而对其他相关企业 TFP 产生的空间溢出效应远大于直接效应；②财税激励对东中部和第二、第三产业企业 TFP 的直接效应均显著为负，而对西部和第一产业的直接效应则为正，在各样本中，财税激励产生的空间溢出效应均为正；③企业层面和省际层面空间杜宾模型的回归分析结果存在差异，政府补助率（rgovsub）的回归系数在各模型均具有显著性，但省际层面的回归系数更小。从滞后项系数来看，政府补助率（rgovsub）的滞后项系数在企业层面各模型中均显著且较在省际层面各模型中的滞后项系数大，这可能是由于这种空间溢出更多地表现为作为经济主体的企业之间，而非省与省之间。而从直接效应和空间溢出效应来看，通过比较发现，从省际层面来看，企业政府补助率（rgovsub）的直接效应在三大矩阵模型回归中绝对值大于企业层面，表明就省际层面而言，实施财税政策对企业 TFP 产生的负面影响大于企业层面的影响。这是由于区域之间还需考虑彼此之间的协调问题，这也与财税政策的资源错配密切相关，从而为制定相应的财税政策提供了依据。

最后，财税激励对企业 TFP 的影响主要来自对技术效率的抑制作用，财税激励是空间溢出效应的重要来源，但不同样本中财税激励产生空间溢出效应的机制存在差异，吸收能力不足严重制约财税激励空间溢出效应的吸收。

采用曼奎斯特指数法对企业 TFP 增长进行分解，分析全国 TFP 增长及分解项趋势，进而以京津冀制造业为例，通过财税激励变量分别与两分解项进行回归分析，得出财政补贴率和实际税收优惠率均不利于技术效率（effch）和技术进步（techch）提升的结论，结合估计系数大小及显著性，财税激励对技术效率的抑制作用较大，且财政补贴率的估计系数显著，从而财税激励对企业 TFP 的影响主要来自技术效率。通过财税激励对其他相关企业 TFP 的影响来分析空间溢出效应的来源，结果表明，财税激励作为解释变量产生的空间溢出效应是所有变量中最大的，因而财税激励产生的空间溢出效应是企业 TFP 增长的重要来源。结合溢出机制，在分区域样本中，东部财税激励的挤出效应和竞争效应发挥了主要作用，中西部财税激励的空间溢出效应均大于零，其中西部空间溢出效应最大且具有显著性，这与示范效应密切相关。同样，在分产业样本中，财税激励具有正向空间溢出效应，其中第二、第三产业空间溢出效应大体相当，而在第一产业空间溢出效应较小。此外，从吸收角度来看，吸收能力不足严重制约财税激励空间溢出效应的发挥。

二、政策建议

基于前文的分析，综合财税激励对企业 TFP 的直接效应、空间溢出效应及影响来源等方面，同时考虑财税政策实施过程实际，提出如下政策建议：

第一，依托财税政策，推进企业 TFP 空间协同优化。从分区域样本中财税激励对企业 TFP 的直接效应来看，分区域样本的实证检验表明，西部财税激励对企业 TFP 具有正向直接影响，而东中部的直接效应则显著为负，按照边际主义理论，增加西部财税政策投入有利于提升全社会企业 TFP，因而当前要按照《西部大开发"十三五"规划》的要求，通过强化财税等相关政策支持，加快推进创新驱动发展等重点任务，增强西部地区创新能力，形成区域发展新格局。

从空间溢出效应来看，分区域样本中，西部财税激励的空间溢出效应最大，且具有显著性，财税激励具有重要的示范作用，相比之下，西部企业示范效应的影响大于中东部，东部企业竞争效应和挤出效应的影响大于中西部，这可能与东部地区财税激励溢出中人力资本、资本品溢出加剧企业之间竞争效应和挤出效应密切相关。就溢出渠道和溢出机制而言，今后要不断完善促进人力资本、资本品等的流动渠道，同时促进企业之间信息交流，强化企业吸收能力。

第二，高度重视财税政策对企业创新、技术效率的作用。基于已有的理论，以及企业 TFP 增长来源的理论分析、TFP 增长分解和回归的结果，要将推动企业创新作为强化财税激励对 TFP 影响的重要方式，健全与技术创新相匹配的激励机制，提高企业研发投入和人力资本积累。一是针对企业研发有针对性地制定政府补助、税收优惠和返还，要通过适度降低财税政策的规模标准、调整申报门槛，将财税政策进一步向中小微企业倾斜，形成激励企业研发的长效机制，提高中小微企业技术创新的积极性。二是要在充分认证的基础上定期制定支持重点产业、部门的专项财税政策规划，避免因政策盲目上马造成的财税资源配置扭曲，减少效率损失，在区域和产业层面，可结合实际适度向西部和第一产业倾斜。三是完善企业技术创新相关配套政策（如政府采购），不断优化技术创新投融资环境和知识产权保护制度，强化对科研人员的财税激励，继续加大中小微企业尤其是生产"精、尖、特、优"产品的科技型中小微企业的财税政策支持力度。

第三，结合区域、产业特征及国外成功经验，科学制定财税政策目标及实施方案。当前，我国人口红利消失、劳动力后续供给不足、资源匮乏，这客观地要求了经济增长动力由以往的"三驾马车"向 TFP 转换，从而财税政策体系也需进行适应性调整。一般认为财税政策的目标主要分为经济发展、经济稳定和社会公平目标，且不同目标之间存在"不可能三角"，新时期强化财税政策对 TFP 的作用，要突出三大目标中的经济发展目标，尤其是其中的资源配置合理性目标，主要通过制定促进结构调整、增长方式转变、"三农"发展和区域协调的财税政策来实现，相关政策宜更多地向西部和第一产业倾斜，通过扩大政策扶持范围、延长政策优惠期限、增加间接税收优惠手段、拓展专项财税预算来源等方式，为西部形成长期"政策洼地"，结合 2018 年中央一号文件精神，通过加大农业科研投入、实施农业企业精准补贴和绿色发展补贴，提升农业 TFP，培育乡村发展新动能。此外，在财税政策实施过程中，可借鉴国外甚至其他领域成功经验，最大限度地降低减少信息不对称、寻租等不利因素的影响，譬如在财税政策资金管理方面，"区块链＋财税政策"有利于发挥区块链技术作为分布式存储的不可篡改、开放性和去中心性等优势，实现资金流动数据全程上链和实时监控，同时提高部门核算效率，并实现穿透式审核及监管。

第四，充分尊重市场的重要地位，构建超大规模市场和国内外市场双循环。成熟的市场具有有效的优胜劣汰功能，客观上能够淘汰那些生产率低下的企业，将资源配置到生产率高的企业，提高 TFP，因而对资源配置具有决定性作用。财税激励作为政府重要的调控手段，在优化产业结构、推进制度创新、弥补市场失灵等方面具有重要的作用，与市场互为重要补充。但与此同时，不当的财税政策可能扭曲要素在不同产业、部门之间配置，造成整体技术效率的极大损失。长期的计划经济造就了我国当前的"全能政府"，政府包揽各个领域的决策权，客观上制约了市场作用的范围和程度，今后要转变观念，在合理规制、积极引导的基础上，充分发挥政府在构建超大规模市场和国内外市场双循环格局上的优势。

第二节　本书不足及未来展望

一、本书不足

首先，微观层面数据对财税激励实施过程影响的处理存在一定的缺陷。尽管本书在理论分析部分考虑了财税政策实施过程中存在的多种因素的影响，并在此基础上明晰财税激励影响企业 TFP 的路径，但在实证研究中仍采用多数研究者类似的方法，将财税政策资金数额代替政策本身作为基础数据设计代理变量，这可能存在一定的内生性，尽管实证模型中通过设置工具变量和采用两步法 GMM 消除内生性，且在测算 TFP 时也考虑到了这一点，采用 LP 方法和 OP 方法，但这种代替在理论上导致模型对财税政策实施过程影响的体现不足，然而受数据层面所限（本书的做法是将省际层面分析结果与企业层面进行比较分析，这也在一定程度上有利于考察财税政策资源配置扭曲的影响），如何更好地基于微观层面数据模型体现财税政策实施过程的影响有待进一步探索。

其次，样本容量和数据的可获得性对研究结论的适用性具有一定的制约性。由于通常上市公司才有较完整的财税政策数据，因而本书选取 Wind 金融数据库作为基础数据源，该数据库中目前主要提供上市公司的数据，而 2007 年前的相关数据并不全面，这限制了研究的样本容量和研究对象，从而得出的结论对上市公司是适用的，但对非上市公司的适用程度可能具有一定的影响。也有采用中国工业企业数据库的研究，但通常采用 2007 年之前的数据，得出的实证结果对当前财税政策制定和实施的指导作用有限，这也是本书未采用中国工业企业数据库的一项重要原因。也正是由于选用的 Wind 金融数据库中得到财税政策支持的企业占比较高，从而也不适合采用 PSM – DID 处理内生性问题，尽管有研究者对该方法的科学性提出了异议。

最后，有待进一步对吸收能力的影响开展分析。尽管文章在第三章构建的财税激励空间溢出效应的作用路径模型中，对吸收过程的吸收方式和影响因素进行了分析，在第六章也将吸收能力不足作为制约财税激励空间溢出效应的因素，但相关研究仍主要停留在理论层面的定性分析，有待进一步开展专项计量实证分析。

二、未来展望

第一，尝试从宏观层面探索财税激励对企业 TFP 的影响。从宏观层面系统地分析财税政策实施过程的影响及内在原因，借助文本计量法分析相关政策文本，形成与企业特征不相关的政策代理变量，进而分析财税激励对企业 TFP 的影响。

第二，进一步从微观层面完善财税激励影响企业 TFP 的相关理论和模型。在微观层面，结合财税激励影响企业 TFP 的空间特征，不断探索新的更契合实际的空间权重矩阵，尝试引入不同的工具变量进行回归，并通过理论分析和计量结果的比较，找出更适合的工具变量。此外，对财税激励企业 TFP 溢出过程中吸收能力的影响因素进行深入的分析，进而提出提升财税激励净空间溢出效应的对策建议。

第三，尝试选择外生变量进行相关问题研究，规避工具变量回归结果有偏的争议。近期伦敦政治经济学院 Young（2017）在一份工作报告中对 AEA 顶级期刊中 1400 个工具变量（IV）进行了检验，结果表明，由于工具变量的条件假设（如独立同分布）通常不成立，判定工具变量有效性的 F 值严重高估，从而无法识别弱工具变量，此时由于误差项的系统性偏误，采用工具变量法进行回归得出的结果不如 OLS 方法，其结论在本质上也并非有效。国内一些学者，如余泳泽（2018）、魏下海（2017）等也开始逐步由工具变量法向 OLS 等方法回归。未来将对工具变量效率进行深入的论证，同时尝试采用外生性变量进行相关问题的研究，避免因误用工具变量进行回归得出无效的、反常识的研究结论。

此外，受数据来源所限，当前本书相关主题的主流方法仍是基于现有数据库财政投入、税收优惠等相关基础数据进行回归估计，这种处理方法尽管可以得出较明确的估计结果，但采用这些单一指标衡量财税激励实际上仍不够全面，基于现有数据库发掘更科学的指标体系，也是后期需要进一步研究的问题。

参考文献

［1］安同良，周绍东，皮建才．R&D 补贴对中国企业自主创新的激励效应［J］．经济研究，2009，44（10）：87－98＋120.

［2］白暴力，白瑞雪．"三要素创造价值理论"分析——内在逻辑缺陷与外在理论困难［J］．政治经济学评论，2019，10（5）：117－137.

［3］白俊红，王林东．政府科技资助与中国工业企业全要素生产率——基于空间计量模型的研究［J］．中国经济问题，2016（3）：3－16.

［4］白俊红．中国的政府 R&D 资助有效吗？来自大中型工业企业的经验证据［J］．经济学（季刊），2011，10（4）：1375－1400.

［5］白让让，李会．外生单向溢出效应下纵向差异化产品 Cournot 和 Bertrand 竞争均衡的比较研究［J］．科技和产业，2014，14（10）：1－6.

［6］白让让．竞争驱动、政策干预与产能扩张——兼论"潮涌现象"的微观机制［J］．经济研究，2016，51（11）：56－69.

［7］保罗·A. 萨缪尔森：经济学［M］．北京：中国发展出版社，1992.

［8］蔡跃洲．知识产权制度影响技术创新的中介因素分析［J］．中国科技论坛，2015（8）：22－27.

［9］曹洪华，王荣成，李正．单核型旅游圈旅游经济空间溢出效应研究——以昆明—滇西北旅游圈为例［J］．资源开发与市场，2013，29（12）：1319－1322.

［10］曹晶晶．外资并购对我国农业企业效率的影响研究［D］．宁波：宁波大学，2014.

［11］柴华．从经济增长模型的演变看制度对经济增长的影响［J］．科技进步与对策，2004（6）：45－47.

［12］陈安平．我国区域经济的溢出效应研究［J］．经济科学，2007（2）：40－51．

［13］陈大为．法治政府视阈下推进供给侧结构性改革的政策法律研究［J］．中州大学学报，2017，34（2）：55－59．

［14］陈得文，苗建军．考虑集聚效应的区域技术效率估计及其空间效应分析——基于 SFA－空间面板数据计量模型分析［J］．产业经济研究，2011（6）：11－18．

［15］陈瑾玫．中国产业政策效应研究［M］．北京：北京师范大学出版社，2011．

［16］陈强．高级计量经济学及 Stata 应用（第2版）［M］．北京：高等教育出版社，2014：583－591．

［17］陈庆云．公共政策分析［M］．北京：经济出版社，2001：255．

［18］陈韶华．战后日本产业政策研究［D］．武汉：武汉大学，2011．

［19］陈一博，宛晶．创业板上市公司全要素生产率分析——基于 DEA－Malmquist 指数法的实证研究［J］．当代经济科学，2012，34（4）：103－108＋128．

［20］陈一鸣，王苗苗．股权结构对信息技术产业上市公司绩效的影响研究［J］．经济数学，2018，35（4）：1－7．

［21］陈振明．公共政策分析［M］．北京：中国人民大学出版社，2003：271．

［22］陈仲常，谢波．人力资本对全要素生产率增长的外部性检验——基于我国省际动态面板模型［J］．人口与经济，2013（1）：68－75．

［23］程琳．政府补助对 TCL 集团投资及业绩的影响［D］．杭州：浙江工商大学，2015．

［24］戴小勇．资源错配视角下全要素生产率损失的形成机理与测算［J］．当代经济科学，2018，40（5）：103－116＋128．

［25］邓春平，毛基业．控制，吸收能力与知识转移——基于离岸 IT 服务外包业的实证研究［J］．管理评论，2012，24（2）：131－139＋176．

［26］邓宏亮．财政支农增长的空间外溢性及门槛效应分析［J］．财贸研究，2013，24（5）：62－69．

［27］邓翔，李建平．中国地区经济增长的动力分析［J］．管理世界，2004

（11）：68 – 76.

[28] 丁国浩. 唯物辩证法视域中的科学发展观论析 [J]. 社科纵横，2012，27（9）：8 – 9.

[29] 董莹. 全要素生产率视角下的农业技术进步及其溢出效应研究 [D]. 北京：中国农业大学，2016.

[30] 窦雪霞，程开明，窦志强. 创新溢出的空间尺度与实证检验 [J]. 科研管理，2009，30（4）：51 – 56 + 88.

[31] 杜伟. 关于企业技术创新的制度激励之思考 [J]. 四川大学学报（哲学社会科学版），2001（6）：136 – 141.

[32] 范金，严斌剑，梁洁. 不同所有制工业企业全要素生产率的动态比较研究——以南京为例 [J]. 南京社会科学，2008（1）：113 – 121.

[33] 范丽. 中国银行业全要素生产率的测度及其空间差异分析 [D]. 重庆：重庆工商大学，2016.

[34] 方易. 我国产业政策的有效性及其影响因素分析 [J]. 贵州社会科学，2014（5）：72 – 77.

[35] 傅晓霞，吴利学. 全要素生产率在中国地区差异中的贡献：兼与彭国华和李静等商榷 [J]. 世界经济，2006（9）：12 – 22 + 95.

[36] 高凌云，王永中. R&D 溢出渠道、异质性反应与生产率：基于 178 个国家面板数据的经验研究 [J]. 世界经济，2008（2）：65 – 73.

[37] 高小平. 社会主义民主政治建设与社会主义市场经济制度结合的理论创新 [J]. 人民论坛，2019（27）：32 – 33.

[38] 高新才，白丽飞. 溢出效应研究进展 [J]. 兰州大学学报（社会科学版），2013，41（5）：88 – 93.

[39] 郭庆宾，傅东平. 国外 R&D 溢出路径及其效果差异的实证研究 [J]. 科技进步与对策，2011，28（19）：20 – 22.

[40] 郭庆宾，张本金. 国外 R&D 溢出路径及其效果——一个国外研究综述 [J]. 工业技术经济，2010，29（12）：144 – 149.

[41] 郭随磊. 中国新能源汽车产业政策工具评价——基于政策文本的研究 [J]. 工业技术经济，2015，34（12）：114 – 119.

[42] 国胜铁，钟廷勇. 制度约束、FDI 技术溢出渠道与国内企业技术进步——基于中国工业企业数据的考察 [J]. 经济学家，2014（6）：34 – 42.

［43］韩超，胡浩然．清洁生产标准规制如何动态影响全要素生产率——剔除其他政策干扰的准自然实验分析［J］．中国工业经济，2015（5）：70 – 82.

［44］韩超，肖兴志，李姝．产业政策如何影响企业绩效：不同政策与作用路径是否存在影响差异？［J］．财经研究，2017，43（1）：122 – 133 + 144.

［45］韩丽荣，盛金，高瑜彬．日本政府购买公共服务制度评析［J］．现代日本经济，2013（2）：15 – 21.

［46］韩平飞．税收优惠、研发投入与企业绩效实证研究［D］．长春：吉林大学，2017.

［47］韩乾，洪永淼．国家产业政策、资产价格与投资者行为［J］．经济研究，2014，49（12）：143 – 158.

［48］韩庆华，王晓红，陈华．促进经济循环发展的财税政策研究［M］．北京：经济科学出版社，2009：69 – 82.

［49］韩小威．WTO 规则约束下合理发挥中国产业政策效应的对策［J］．经济纵横，2006（3）：11 – 13.

［50］韩小威．经济全球化背景下中国产业政策有效性问题研究［D］．长春：吉林大学，2006.

［51］韩颖，刘星宇，李丽君，孙志敏．我国产业间 R&D 溢出效应横向比较分析［J］．预测，2007（4）：69 – 75.

［52］郝荣．中国有色金属工业全要素生产率评价研究［D］．北京：北京科技大学，2017.

［53］贺力．我国软件产业全要素生产率研究［D］．杭州：浙江工商大学，2008.

［54］赫尔希曼．经济发展战略［M］．北京：经济科学出版社，199：166.

［55］洪兆平．税收政策制定过程中的公民有序参与——基于省级以下国税局领导干部的调查与分析［J］．学海，2014（5）：174 – 179.

［56］胡春阳，刘秉镰，廖信林．中国区域协调发展政策的研究热点及前沿动态——基于 CiteSpace 可视化知识图谱的分析［J］．华南师范大学学报（社会科学版），2017（5）：98 – 109 + 191.

［57］胡春阳，王展祥．财政补贴如何影响企业全要素生产率——兼论制造业财政补贴"适度区间"［J］．当代财经，2020（6）：28 – 41.

［58］胡春阳，余泳泽．政府补助与企业全要素生产率——对 U 型效应的理

论解释及实证分析 [J] . 财政研究，2019 (6)：72 – 85.

［59］胡春阳 . 财税政策、空间溢出效应与企业全要素生产率 [D] . 天津：南开大学，2018.

［60］胡春阳 . 市场势力与僵尸企业绩效——基于修正 Lerner 指数的实证检验 [J] . 山西财经大学学报，2018 (3)：52 – 64.

［61］胡汉辉 . 有效还是非有效：非参数的最佳效率前沿面估计 [M] . 南京：东南大学出版社，1998.

［62］胡煜 . 中国交通枢纽的空间溢出效应研究 [D] . 北京：北京交通大学，2017.

［63］黄苹 . 基于溢出源视角的 R&D 溢出对生产率影响的实证研究 [D] . 长沙：湖南大学，2010.

［64］黄潇莹 . 区域旅游经济空间溢出效应研究 [D] . 成都：西南财经大学，2014.

［65］黄燕萍 . 金融发展、人力资本与全要素生产率 [J] . 厦门大学学报（哲学社会科学版），2016 (2)：102 – 110.

［66］江飞涛，李晓萍 . 直接干预市场与限制竞争：中国产业政策的取向与根本缺陷 [J] . 中国工业经济，2010 (9)：26 – 36.

［67］江飞涛 . 中国产业组织政策的缺陷与调整 [J] . 学习与探索，2017 (8)：118 – 126.

［68］姜达洋，张宏武 . 经济全球化背景下产业政策的新特征 [J] . 经济纵横，2009 (7)：74 – 76.

［69］蒋晶晶，冯邦彦 . 广东省要素投入与全要素生产率的实证分析 [J] . 广东商学院学报，2011，26 (1)：76 – 82.

［70］金戈 . 潮涌现象与政府在产业结构变迁中的作用：以港台为例 [J] . 亚太经济，2008 (2)：103 – 108.

［71］金相郁 . 中国区域全要素生产率与决定因素：1996 – 2003 [J] . 经济评论，2007 (5)：107 – 112.

［72］靳光辉，刘志远，花贵如 . 政策不确定性与企业投资——基于战略性新兴产业的实证研究 [J] . 管理评论，2016，28 (9)：3 – 16.

［73］鞠海龙 . 高校知识转移能力、企业吸收能力对知识转移绩效的影响研究 [D] . 长春：吉林大学，2016.

［74］黎文靖，郑曼妮．实质性创新还是策略性创新？——宏观产业政策对微观企业创新的影响［J］．经济研究，2016，51（4）：60－73.

［75］李宾，曾志雄．中国全要素生产率变动的再测算：1978～2007年［J］．数量经济技术经济研究，2009，26（3）：3－15.

［76］李川．我国创意产业政策有效性评价研究［D］．成都：电子科技大学，2009.

［77］李春顶，石晓军，邢春冰．"出口—生产率悖论"：对中国经验的进一步考察［J］．经济学动态，2010（8）：90－95.

［78］李丹丹，汪涛，周辉．基于不同时空尺度的知识溢出网络结构特征研究［J］．地理科学，2013，33（10）：1180－1187.

［79］李东坤，邓敏．中国省际OFDI、空间溢出与产业结构升级——基于空间面板杜宾模型的实证分析［J］．国际贸易问题，2016（1）：121－133.

［80］李光勤．公共投资、私人投资与城乡收入差距——基于省级面板的空间计量分析［J］．广东行政学院学报，2015，27（2）：85－92.

［81］李佳洺，张文忠，李业锦，杨勋凤，余建辉．基于微观企业数据的产业空间集聚特征分析——以杭州市区为例［J］．地理研究，2016，35（1）：95－107.

［82］李经龙，陈冉，徐玉梅．政企关系、财政补贴与公司经营绩效——基于中国旅游上市公司的经验证据［J］．华东经济管理，2014，28（7）：126－130.

［83］李娟．外资并购与中国企业全要素生产率的实证分析［J］．山西财经大学学报，2011，33（6）：56－63.

［84］李骏，刘洪伟，万君宝．产业政策对全要素生产率的影响研究——基于竞争性与公平性视角［J］．产业经济研究，2017（4）：115－126.

［85］李丽丽，霍学喜．多元化、企业规模与农业上市公司绩效的相关研究［J］．广西社会科学，2013（12）：108－112.

［86］李强．比较优势与制造业企业全要素生产率：行业比较优势真的很重要吗［J］．南方经济，2016（11）：81－94.

［87］李强．环境分权与企业全要素生产率——基于我国制造业微观数据的分析［J］．财经研究，2017，43（3）：133－145.

［88］李汝资，刘耀彬．1978年以来中国省际全要素生产率时空演变特征研

究［J］. 华东经济管理, 2016, 30 (7): 57 - 62.

［89］李爽. 专利制度是否提高了中国工业企业的技术创新积极性——基于专利保护强度和地区经济发展水平的"门槛效应"［J］. 财贸研究, 2017, 28 (4): 13 - 24 + 42.

［90］李卫兵, 王彦淇. 中国区域智力资本的测度及其空间溢出效应研究［J］. 华中科技大学学报（社会科学版）, 2018, 32 (1): 64 - 75.

［91］李小建, 樊新生. 欠发达地区经济空间结构及其经济溢出效应的实证研究——以河南省为例［J］. 地理科学, 2006 (1): 1 - 6.

［92］李小宁. 经济增长的制度分析模型［J］. 数量经济技术经济研究, 2005 (1): 3 - 17.

［93］李晓宁. 经济增长的技术进步效率研究: 1978 - 2010［J］. 科技进步与对策, 2012, 29 (7): 5 - 10.

［94］李永, 刘鹃. 入世后我国产业政策有效性的 CGE 分析［J］. 国际贸易问题, 2004 (5): 25 - 29.

［95］李长亮. 城镇化、空间溢出与城乡收入差距——基于全国和省域面板数据的空间计量分析［J］. 经济问题, 2016 (6): 121 - 125.

［96］李征. 中国区域全要素生产率演变研究［D］. 长春: 吉林大学, 2016.

［97］连立帅, 陈超, 米春蕾. 吃一堑会长一智吗? ——基于金融危机与经济刺激政策影响下企业绩效关联性的研究［J］. 管理世界, 2016 (4): 111 - 126.

［98］梁会君, 史长宽. 中国制造业出口"生产率悖论"的行业分异性研究［J］. 山西财经大学学报, 2014, 36 (7): 59 - 69.

［99］梁锐, 龙勇, 刘力昌. 我国医药行业产业组织特征及产业政策效果评价研究［J］. 当代经济科学, 2007 (2): 115 - 118 + 128.

［100］梁雪洋. 中国各省市碳排放的空间面板计量分析［D］. 北京: 首都经济贸易大学, 2016.

［101］林高榜, 曹昍. R&D 溢出异质性与技术进步——基于中日两国经验的比较［J］. 学习与实践, 2011 (8): 44 - 52.

［102］林光平, 龙志和, 吴梅. 中国地区经济 σ - 收敛的空间计量实证分析［J］. 数量经济技术经济研究, 2006 (4): 14 - 21 + 69.

［103］林佳显．空间随机前沿模型及技术效率和生产率估计研究［D］．广州：华南理工大学，2014.

［104］林尚立．国内政府间关系［M］．杭州：浙江人民出版社，1998：354.

［105］林永波，张世贤．公共政策［M］．台湾：五南图书出版公司，1987：521.

［106］刘光岭，卢宁．全要素生产率的测算与分解：研究述评［J］．经济学动态，2008（10）：79－82.

［107］刘佳迪．中国政策性贷款的 WTO 合规性研究［D］．上海：复旦大学，2011.

［108］刘金芬．促进企业技术创新的财税政策研究［D］．北京：首都经济贸易大学，2014.

［109］刘靖宇，朱卫东，孙宜博，汪益玲．政府补助对企业财务绩效影响的评价［J］．统计与决策，2016（10）：179－182.

［110］刘青海．吸收能力的概念及影响因素：文献综述［J］．浙江社会科学，2011（2）：136－142＋160.

［111］刘社建．中国产业政策的演进、问题及对策［J］．学术月刊，2014，46（2）：79－85.

［112］刘希宋，夏志勇，赵寰．基于全面建设小康社会的支柱产业政策绩效评价［J］．科学学与科学技术管理，2005，26（6）：116－119.

［113］刘希宋，夏志勇．全面建设小康社会的我国支柱产业的选择［J］．工业技术经济，2004，23（5）：48－52.

［114］柳光强．税收优惠、财政补贴政策的激励效应分析——基于信息不对称理论视角的实证研究［J］．管理世界，2016（10）：62－71.

［115］卢福财，胡平波．基于竞争与合作关系的网络组织成员间知识溢出效应分析［J］．中国工业经济，2007（9）：79－86.

［116］卢现祥，徐俊武．制度环境评估指标体系研究——兼评湖北省的制度环境［J］．中南财经政法大学学报，2004（3）：46－53＋143.

［117］鲁晓东，连玉君．中国工业企业全要素生产率估计：1999—2007［J］．经济学（季刊），2012，11（2）：541－558.

［118］鲁元平，王品超，朱晓盼．城市化、空间溢出与技术创新——基于中

国 264 个地级市的经验证据 [J]．财经科学，2017 (11)：78 - 89.

[119] 吕明元．产业政策、制度创新与具有国际竞争力的产业成长 [J]．经济社会体制比较，2007 (1)：134 - 137.

[120] 马国勇，田国双，石春生．高新技术企业吸收能力影响因素研究——基于 PLS - SEM 算法的实证研究 [J]．预测，2014，33 (4)：28 - 34.

[121] 马丽梅，刘生龙，张晓．能源结构、交通模式与雾霾污染——基于空间计量模型的研究 [J]．财贸经济，2016，37 (1)：147 - 160.

[122] 马文超，何珍．产业政策、产品市场竞争与企业债务融资 [J]．会计与经济研究，2017，31 (4)：71 - 90.

[123] 毛德凤，李静，彭飞，骆正清．研发投入与企业全要素生产率——基于 PSM 和 GPS 的检验 [J]．财经研究，2013，39 (4)：134 - 144.

[124] 孟庆玺，尹兴强，白俊．产业政策扶持激励了企业创新吗？——基于"五年规划"变更的自然实验 [J]．南方经济，2016 (12)：1 - 25.

[125] 聂辉华．产业政策的有效边界和微观基础 [J]．学习与探索，2017 (8)：2 + 110 - 117.

[126] 宁凌，汪亮，廖泽芳．基于 DEA 的高技术产业政策评价研究——以广东省为例 [J]．国家行政学院学报，2011 (2)：99 - 103.

[127] 潘文卿．中国的区域关联与经济增长的空间溢出效应 [J]．经济研究，2012，47 (1)：54 - 65.

[128] 潘越，潘健平，戴亦一．公司诉讼风险、司法地方保护主义与企业创新 [J]．经济研究，2015，50 (3)：131 - 145.

[129] 彭连清．我国区域经济增长溢出效应研究 [D]．广州：暨南大学，2008.

[130] 戚聿东，张航燕．所有制、产权程度及其财务绩效——兼论国有企业产权改革的方向 [J]．经济与管理研究，2013 (12)：23 - 29.

[131] 齐虹丽．产业政策与竞争政策的关系——中国入世后面临的挑战与日本的经验 [J]．经济科学，2003 (3)：123 - 128.

[132] 秦伟广．我国大型工业企业市场势力测度研究——基于改进的勒纳指数法 [J]．产经评论，2017，8 (2)：136 - 144.

[133] 裘江南，王婧贤．在线知识社区中团队异质性对知识序化效率的影响 [J]．情报学报，2018，37 (4)：372 - 383.

[134] 任保平，段雨晨．新常态下提高经济增长质量的新国家财富观构建 [J]．经济问题，2016 (2)：1 – 6.

[135] 任曙明，吕镯．融资约束、政府补贴与全要素生产率——来自中国装备制造企业的实证研究 [J]．管理世界，2014 (11)：10 – 23.

[136] 芮明杰．产业经济学 [M]．上海：上海财经大学出版社，2005：455.

[137] 上官绪明．技术溢出、吸收能力与全要素生产率 [D]．北京：中央财经大学，2016.

[138] 邵敏，包群．政府补贴与企业生产率——基于我国工业企业的经验分析 [J]．中国工业经济，2012 (7)：70 – 82.

[139] 沈坤荣，滕永乐．中国经济发展阶段转换与增长效率提升 [J]．北京工商大学学报（社会科学版），2015，30 (2)：1 – 7.

[140] 沈体雁，冯等田，孙铁山．空间计量经济学 [M]．北京：北京大学出版社，2010.

[141] 石军．找准立足点，抓住着力点，凝聚拉动力，加快推进经济体制转型 [J]．天津大学学报（社会科学版），2013，15 (6)：481 – 486.

[142] 史晋川，钱滔．政府在区域经济发展中的作用——从市场增进论视角对浙江台州的历史考察 [J]．经济社会体制比较，2004 (2)：27 – 33.

[143] 舒尔茨．人力资本投资 [M]．北京：北京经济学院出版社，1999.

[144] 舒锐．产业政策一定有效吗？——基于工业数据的实证分析 [J]．产业经济研究，2013 (3)：45 – 54 + 63.

[145] 宋凌云，王贤彬．产业政策如何推动产业增长——财政手段效应及信息和竞争的调节作用 [J]．财贸研究，2017，28 (3)：11 – 27.

[146] 宋学义．贸易政策与产业政策的协调 [J]．国际经济合作，2013 (4)：14 – 18.

[147] 苏洪，刘渝琳．制约全要素生产率增长的潜路径影响分析 [J]．管理世界，2015 (1)：167 – 168.

[148] 苏小姗．国家农业产业技术体系建设与发展 [D]．武汉：华中农业大学，2012.

[149] 孙瑜康，孙铁山，席强敏．北京市创新集聚的影响因素及其空间溢出效应 [J]．地理研究，2017，36 (12)：2419 – 2431.

［150］孙兆刚．知识溢出的发生机制与路径研究［D］．大连：大连理工大学，2005．

［151］谭诗羽，吴万宗，夏大慰．国产化政策与全要素生产率——来自汽车零部件制造业的证据［J］．财经研究，2017，43（4）：82－95．

［152］汤鹏主．对我国经济政策制定的解析：地方政府、利益集团和区域特征［J］．社会科学家，2014（4）：51－56．

［153］汤学良，吴万宗，周建．出口、研发与企业生产率演化——基于我国制造业企业数据的研究［J］．国际商务（对外经济贸易大学学报），2015（4）：123－133．

［154］唐杰英．企业异质性、外商直接投资和出口贸易——理论扩展及来自我国工业企业的实证分析［M］．上海：复旦大学出版社，2011：24－36．

［155］唐诗，包群．主导产业政策促进了企业绩效的增长吗？——基于外溢视角的经验分析［J］．世界经济研究，2016（9）：97－109＋137．

［156］唐晓华，张欣钰，陈阳．中国制造业产业政策实施有效性评价［J］．科技进步与对策，2017，34（10）：60－68．

［157］陶春海，王玉晓．政府卫生支出对区域经济的空间溢出效应研究——基于山东省17市的空间面板模型［J］．华东经济管理，2019，33（3）：19－24．

［158］田菁，孙祎凡，李芳．金融集聚与金融服务业技术效率的关系探讨——基于省域随机前沿生产函数的分析［J］．现代财经（天津财经大学学报），2012，32（12）：37－46．

［159］田恬．帮助政策制定者了解科学本源，使科学家发出自己的声音——英国皇家学会配对项目［J］．科技导报，2017，35（2）：92．

［160］王兵，朱宁．不良贷款约束下的中国银行业全要素生产率增长研究［J］．经济研究，2011，46（5）：32－45＋73．

［161］王公博．创新驱动与人口集聚：基于空间杜宾模型的实证检验［J］．西南民族大学学报（人文社科版），2020，41（8）：128－136．

［162］王国顺，李清．基于吸收能力的跨国公司知识转移过程研究［J］．武汉大学学报（哲学社会科学版），2006（6）：762－766．

［163］王海芸，武霏霏．科学咨询与公共决策的博弈——评《政策制定中的科学咨询：国际比较》［J］．科学与社会，2015，5（4）：125－126．

［164］王晗．业绩期望差距和企业并购行为关系研究［D］．南京：南京大

学，2017.

［165］王华. 更严厉的知识产权保护制度有利于技术创新吗？［J］. 经济研究，2011，46（S2）：124 – 135.

［166］王克敏，刘静，李晓溪. 产业政策、政府支持与公司投资效率研究［J］. 管理世界，2017（3）：113 – 124 + 145 + 188.

［167］王良举，陈甬军. 集聚的生产率效应——来自中国制造业企业的经验证据［J］. 财经研究，2013，39（1）：49 – 60.

［168］王林，张增强. 租金外溢还是知识外溢？——一个文献综述［J］. 经济与管理，2013，27（5）：55 – 59.

［169］王敏，赵彦云. 全要素生产率的 Levinsohn – Petrin 半参方法的测算和比较研究：1999 – 2006 中国制造业企业数据［J］. 统计教育，2010（4）：32 – 39.

［170］王强，王健，车维汉. 适宜制度对要素配置效率的影响——基于跨国数据的实证分析［J］. 财经研究，2015，41（12）：107 – 117.

［171］王飒飒. 江苏省制造业生产率的实证研究［D］. 南京：南京农业大学，2009.

［172］王晓珍，彭志刚，高伟，吉生保. 我国风电产业政策演进与效果评价［J］. 科学学研究，2016，34（12）：1817 – 1829.

［173］王欣亮，严汉平. 我国全要素生产率的测算、分解及演进研究：1952 ~ 2012［J］. 人文杂志，2014（3）：38 – 44.

［174］王亚星，李敏瑞. 资本扭曲与企业对外直接投资——以全要素生产率为中介的倒逼机制［J］. 财贸经济，2017，38（1）：115 – 129.

［175］王荧. 全要素生产率理论的解析［J］. 石家庄经济学院学报，2010，33（5）：5 – 11.

［176］王永康，韩晓伟，李骁天. 世界各国冬季项目竞技实力演变及影响因素研究——基于空间自相关分析［J］. 沈阳体育学院学报，2019，38（6）：115 – 122 + 129.

［177］王钺，刘秉镰. 创新要素的流动为何如此重要？——基于全要素生产率的视角［J］. 中国软科学，2017（8）：91 – 101.

［178］王铮，龚轶，刘丽. 中美间 R&D 溢出估计［J］. 科学学研究，2003（4）：396 – 399.

[179] 王志勇，陈雪梅．产业升级政策的有效性研究——以广东"双转移"战略为例 [J]．城市发展研究，2014，21（9）：69 – 76.

[180] 卫龙宝，李静．我国茶叶产业集聚与技术效率分析 [J]．经济问题探索，2014（2）：58 – 62.

[181] 魏婧恬，葛鹏，王健．制度环境、制度依赖性与企业全要素生产率 [J]．统计研究，2017，34（5）：38 – 48.

[182] 魏学辉，白仲林．中国地区全要素生产率的 Bayesian 分析 [J]．数理统计与管理，2012，31（4）：585 – 594.

[183] 吴梅．广东工业产业中知识溢出效应的空间经济计量实证分析[D]．广州：华南理工大学，2012.

[184] 吴伟巍，郑彦璐，李启明，吴非．区域城市间住宅价格波动溢出效应的内涵分析 [J]．城市发展研究，2011，18（10）：69 – 73.

[185] 吴先华，郭际，李有平，阳毅，袁建辉．基于面板数据的世界主要国家全要素生产率的计算 [J]．数学的实践与认识，2011，41（13）：10 – 28.

[186] 吴延兵．R&D 与生产率——基于中国制造业的实证研究 [J]．经济研究，2006（11）：60 – 71.

[187] 吴玉鸣．中国省域旅游业弹性系数的空间异质性估计——基于地理加权回归模型的实证 [J]．旅游学刊，2013，28（2）：35 – 43.

[188] 伍骏骞，阮建青，徐广彤．经济集聚、经济距离与农民增收：直接影响与空间溢出效应 [J]．经济学（季刊），2017，16（1）：297 – 320.

[189] 伍骏骞．经济集聚对农民增收与农村减贫的直接影响和空间溢出效应研究 [D]．杭州：浙江大学，2014.

[190] 向艺．旅游经济发展水平测度及其差异性的空间计量分析 [D]．成都：西南交通大学，2015.

[191] 项安波，张文魁．中国产业政策的特点、评估与政策调整建议[J]．中国发展观察，2013（12）：19 – 21.

[192] 肖海东，刘先忠．基于制度内生的三部门经济增长模型 [J]．统计与决策，2008（23）：23 – 25.

[193] 肖振东．谈政府补助会计准则的改进 [J]．财会月刊，2006（25）：33.

[194] 谢志贤．政府绩效评估有效性问题研究 [D]．长春：吉林大学，

2010.

［195］徐蕾，尹翔硕．贸易成本视角的中国出口企业"生产率悖论"解释［J］．国际商务（对外经济贸易大学学报），2012（3）：13－26.

［196］许彬．基于空间面板杜宾模型的我国城镇化、产业结构与能源消费研究［D］．广州：暨南大学，2015.

［197］许和连，成丽红．制度环境、创新与异质性服务业企业 TFP——基于世界银行中国服务业企业调查的经验研究［J］．财贸经济，2016（10）：132－146.

［198］许明强，唐浩．产业政策研究若干基本问题的反思［J］．社会科学家，2009（2）：61－64＋72.

［199］许瑞泉．甘肃省 R&D 投入的溢出效应与产出效率研究［D］．兰州：兰州大学，2016.

［200］许昕．四川全要素生产率动态测算及路径优化［D］．成都：四川师范大学，2017.

［201］闫志俊，于津平．政府补贴与企业全要素生产率——基于新兴产业和传统制造业的对比分析［J］．产业经济研究，2017（1）：1－13.

［202］严丹霖．中国风电产业政策测量及效应评价研究［D］．北京：中国地质大学，2016.

［203］杨畅，李寒娜．不完全契约、制度环境与企业绩效——基于上市公司的实证研究［J］．山西财经大学学报，2014，36（9）：104－112.

［204］杨朝均．FDI 对我国制造业绿色工艺创新的影响及溢出效应研究［D］．哈尔滨：哈尔滨工程大学，2013.

［205］杨帅．产业政策研究：进展、争论与评述［J］．现代经济探讨，2013（3）：88－92.

［206］杨天宇，曹志楠．中国经济增长速度放缓的原因是"结构性减速"吗？［J］．中国人民大学学报，2015，29（4）：69－79.

［207］姚丽．区域经济一体化的经济增长效应空间计量研究［D］．长春：东北师范大学，2015.

［208］姚平，黄文杰．基于 DEA－Malquist 模型对煤炭企业全要素生产率的分析［J］．资源开发与市场，2012，28（12）：1078－1082.

［209］叶建光，李艳红．所有权、产业政策指导与银行贷款利率［J］．财

经理论与实践，2014，35（2）：21－26.

［210］叶明确，方莹. 出口与我国全要素生产率增长的关系——基于空间杜宾模型［J］. 国际贸易问题，2013（5）：19－31.

［211］衣长军，李赛，张吉鹏. 制度环境、吸收能力与新兴经济体 OFDI 逆向技术溢出效应——基于中国省际面板数据的门槛检验［J］. 财经研究，2015，41（11）：4－19.

［212］余东华，邱璞. 产业政策偏好、社会责任属性与民营企业绩效［J］. 财经问题研究，2017（7）：20－27.

［213］余明桂，范蕊，钟慧洁. 中国产业政策与企业技术创新［J］. 中国工业经济，2016（12）：5－22.

［214］余泳泽. 异质性视角下中国省际全要素生产率再估算：1978—2012［J］. 经济学（季刊），2017，16（3）：1051－1072.

［215］俞路. 我国 FDI 地区间溢出效应与渠道影响因素分析［J］. 世界地理研究，2015，24（4）：94－102.

［216］袁见. 中国太阳能光伏产业政策效应研究［D］. 沈阳：辽宁大学，2013.

［217］臧志彭. 政府补助、研发投入与文化产业上市公司绩效——基于 161 家文化上市公司面板数据中介效应实证［J］. 华东经济管理，2015，29（6）：80－88.

［218］张彩英. 财税政策何以更加积极有效［J］. 人民论坛，2017（33）：92－93.

［219］张晨，张宇. 国有企业是低效率的吗［J］. 经济学家，2011（2）：16－25.

［220］张翠菊. 中国碳排放强度影响因素、收敛性及溢出性研究［D］. 重庆：重庆大学，2016.

［221］张豪，张一弛，张建华. 中国行业间全要素生产率的溢出效应与增长源泉——基于 10 大行业的经验研究［J］. 华东经济管理，2017，31（4）：89－96.

［222］张军. 资本形成、工业化与经济增长：中国的转轨特征［J］. 经济研究，2002（6）：3－13＋93.

［223］张莉，李绍东. 企业规模、技术创新与经济绩效——基于工业企业调

查数据的实证研究 [J]. 财经科学, 2016 (6): 67 - 74.

[224] 张天顶, 张晓欢. 企业规模的门限效应与国际化—绩效关系的研究 [J]. 国际商务 (对外经济贸易大学学报), 2016 (2): 121 - 131.

[225] 张唯实, 李国璋. 中国区域生产效率与经济发展差距研究 [J]. 统计与信息论坛, 2010, 25 (8): 34 - 38.

[226] 张祥建, 徐晋, 徐龙炳. 高管精英治理模式能够提升企业绩效吗? ——基于社会连带关系调节效应的研究 [J]. 经济研究, 2015, 50 (3): 100 - 114.

[227] 赵卿. 国家产业政策、产权性质与公司业绩 [J]. 南方经济, 2016 (3): 68 - 85.

[228] 赵伟, 马瑞永, 何元庆. 全要素生产率变动的分解——基于 Malmquist 生产力指数的实证分析 [J]. 统计研究, 2005 (7): 37 - 42.

[229] 郑春美, 李佩. 政府补助与税收优惠对企业创新绩效的影响——基于创业板高新技术企业的实证研究 [J]. 科技进步与对策, 2015, 32 (16): 83 - 87.

[230] 郑德渊, 李湛. R&D 的溢出效应研究 [J]. 中国软科学, 2002 (9): 77 - 81.

[231] 郑展鹏. 国际技术溢出渠道对我国技术创新影响的比较研究——基于省际面板数据模型的分析 [J]. 科研管理, 2014, 35 (4): 18 - 25.

[232] 钟世川. 中国全要素生产率增长的地区差异及阶段划分——基于偏向型技术进步对 1978—2013 年的测算和分解 [J]. 西部论坛, 2015, 25 (2): 65 - 72.

[233] 周慧. 中部地区城镇化对经济增长的空间溢出效应——基于地级市面板数据分析 [J]. 经济问题探索, 2016 (4): 79 - 87.

[234] 周静言. 后危机时代俄罗斯产业政策调整研究 [D]. 沈阳: 辽宁大学, 2014.

[235] 周鹏, 曹立. 提高全要素生产率引领经济发展新常态 [J]. 理论视野, 2015 (4): 1.

[236] 周文通, 孙铁山. 京津冀区域经济面临的空间溢出效应 [J]. 首都经济贸易大学学报, 2016, 18 (3): 50 - 58.

[237] 周妍. 论党的十八大以来我国政治参与的新特点 [J]. 法制博览,

2017（18）：16－19.

[238] 周燕，齐中英. 基于行业特征的外商直接投资溢出效应分析 ［J］. 中国软科学，2005（9）：142－147.

[239] 朱红军，喻立勇，汪辉. "泛家族化"，还是"家长制"？——基于雅戈尔和茉织华案例的中国民营企业管理模式选择与经济后果分析 ［J］. 管理世界，2007（2）：107－119.

[240] 朱平芳，罗翔，项歌德. 中国中小企业创新绩效空间溢出效应实证研究——基于马克思分工协作理论 ［J］. 数量经济技术经济研究，2016，33（5）：3－16.

[241] 朱平芳，项歌德，王永水. 中国工业行业间 R&D 溢出效应研究［J］. 经济研究，2016，51（11）：44－55.

[242] 邹艳，张雪花. 企业智力资本与技术创新关系的实证研究——以吸收能力为调节变量 ［J］. 软科学，2009，23（3）：71－75.

[243] Aghion P. , Cai J. , Dewatripont M. , Du L. S. , Harrison A. and Legros P. Industrial Policy and Competition ［J］. American Economic Journal: Macroeconomics, 2015, 7（4）：1－32.

[244] Aghion P. , Howitt P. A Model of Growth through Creative Destruction ［J］. Econometrica, 1992, 60（2）：323－351.

[245] Aigner D. J. , Lovell C. A. K. , and Schmidt P. Formulation and Estimation of Stochastic Production Function Models ［J］. Journal of Econometrics, 1977（6）：21－37.

[246] Aitken B. J. , Harrison A. E. Do Domestic Firms Benefit from Direct Foreign Investment? Evidence from Venezuela ［J］. American Economic Review, 1999, 89（3）：605－618.

[247] Anselin L. Spatial Econometrics：Methods and Models ［M］. Dordrecht：Kluwer Academic, 1988：23－30.

[248] Ariss R T. On the Implications of Market Power in Banking：Evidence from Developing Countries ［J］. Journal of Banking & Finance, 2010, 34（4）：76－775.

[249] Beason R. , Weinstein D. E. Growth, Economies of Scale, and Targeting in Japan（1955—1990） ［J］. The Review of Economics and Statistics, 1996,

78 (2): 286 – 295.

[250] Benhabib J. , Spiegel M. The Role of Human Capital in Economic Development: Evidence from Aggregate Coss – country Data [J]. Journal of Monetary Economics, 1994, 34 (2): 143 – 173.

[251] Magnus, Blomström, Ari, Kokko. Multinational Corporations and Spillovers [J]. Journal of Economic surveys, 1998, 12 (3): 247 – 277.

[252] Boarnet M. G. Spillovers and the Locational Effects of Public Infrastructure [J]. Journal of Regional Science, 1998, 38 (3): 381 – 400.

[253] Catherine J. , Morrison Paul. Supply and Demand – driven Spillovers and Productivity Growth [J]. Japan and the World Economy, 2002, 14 (3): 285 – 304.

[254] Caves R. E. Multinational Firms, Competition, and Productivity in Host – country Markets [J]. Economic, 1974, 41 (162), 176 – 193.

[255] Christensen Y. J. , Snyder J. Progressive Research on Degenerate Alliance [J]. The American Political Science Review, 1997, 91 (4): 919 – 922.

[256] Cockburn I, Henderson R. Absorptive capacity, Coau – thoring Behavior, and the Organization of Research in Drug discovery [J]. Journal of Industrial Economics, 1998, 46 (2): 157 – 182.

[257] Coe D. T. and Helpman E. International R&D Spillovers [J]. European Economic Review, 1995, 39 (5): 859 – 887.

[258] Cohen J. P. , Paul C. J. M. Public Infrastructure Investment, Interstate Spatial Spillovers, and Manufacturing Costs [J]. Review of Economics and Statistics, 2004, 86 (2): 551 – 560.

[259] Cohen W. M. , Levinthal D. A. Innovation and Learning: The Two Faces of R&D, Economic Journal [J]. 1989, 99 (397): 569 – 596.

[260] Cohen W. M. , Levinthal D. A. Absorptive Capacity: A New Perspective on Learning and Innovation [J]. Administrative Science Quarterly, 1990, 35 (1): 128 – 152.

[261] Cowling K, Waterson P. Price – cost Margins and Market Structure [J]. Economica, 1976, 43 (171), 267 – 274.

[262] De Loecker J. , Warzynski F. Markups and Firm Level Export Status

[J] . American Economic Review, 2012, 102 (6): 2437 - 2471.

[263] De Loecker J. Recovering Markups from Production Data [J] . International Journal of Industrial Organization, 2011, 29 (3): 350 - 355.

[264] De Souza S. A. Estimating Mark - Ups from Plant - Level Data [J] . Journal of Industrial Economics, 2009, 58 (2): 353 - 363.

[265] Denison E. Accounting for United States Economic Growth 1929 - 1969 [M] . Washington: Brookings Institution, 1974.

[266] Dervis K. , Page J. M. Industrial Policy in Developing Countries [J] . Journal of Comparative Economics, 1984, 8 (4) .

[267] Dosi G. Marengo L. and Pasquali C. How Much Should Society Fuel the Greed of Innovators? On the Relations Between Appropriability, Opportunities and Rates of Innovation Research Policy [J] . 2006, 35 (8): 1110 - 1121.

[268] Dougherty C. , Jorgenson D. International Comparisons of the Sources of Economic Growth [J] . American Economic Review (Papers and Proceeding), 1996, 86 (2): 25 - 29.

[269] Easterly W. , Levine R. It's Not Factor Accumulatin: Stylized Facts and Growth Models [J] . World Bank Economic Review, 2001, 15 (2): 177 - 219.

[270] Ederington J. , Mccalman P. Technology Adoption, Government Policy and Tariffiaction [J] . Journal of International Economics, 2013, 56 (2): 337 - 347.

[271] Elhorst J. P. Spatial Econometrics: From Cross - sectional Data to Spatial Panels [M] . Springer, 2014.

[272] Fare R. , Grosskopf S. , Norris M. et al. Productivity Growth, Technical Progress, and Efficiency Change in Industrialized Countries [J] . American Economic Review, 1994, 84 (1): 67 - 82.

[273] Farrell M J. The Measurement of Productive Efficiency [J] . Journalof the Royal Statistical Society, 1957, 12 (3): 253 - 290.

[274] Feder G. On Exports and Economic Growth [J] . Journal of Development Economics, 1982 (12): 59 - 73.

[275] Findlay R. Relative Backwardness, Direct Foreign Investment and the Transfer of Technology: A Simple Dynamic Model [J] . Quarterly of Journal of Economics, 1978 (62): 1 - 16.

［276］ Fuentes R. , Mishra T. , Scavia J. , Parhi M. On Optimal Long – term Relationship between TFP, Institutions, and Income Inequality under Embodied Technical Progress ［J］. Structural Change and Economic, 2014 (31): 89 – 100.

［277］ Girma S. Absorptive Capacity and Productivity Spillovers from FDI: A Threshold Regression Analysis ［J］. Oxford Bulletin of Economics and Statistics, 2005, 67 (3): 218 – 306.

［278］ Griliches Z. Issues in Assessing the Contribution of Research and Development to Productivity Growth ［J］. Bell Journal of Economics, 1979 (10): 92 – 116.

［279］ Griliches Z. Productivity, R&D and Basic Research at the Firm Level in the 1970s ［J］. American Economic Review, 1986 (76): 141 – 154.

［280］ Griliches Z. , Lichtenberg F. Inter – industry Technology Flows and Productivity Growth: A Reexamination ［J］. Review of Economies Studies, 1984 (86): 324 – 329.

［281］ Grossman G. M. , Helpman E. Innovation and Growth in the Global Economy ［M］. Cambridge: MIT Press, 1991.

［282］ Guellec D. , Pottel Sberghe V. B. The Impact of Public R&D Expenditure on Business R&D ［J］. Economics of Innovation and New Technologies, 2003, 12 (3): 225 – 244.

［283］ Hall B. H. , Mairesse J. Exploring the Relationship between R&D and Productivity in French Manufacturing firms ［J］. Journal of Econometrics, 1995 (65): 263 – 293.

［284］ Hall R. E. The Relation between Price and Marginal Cost in U. S. Industry ［J］. Journal of Political Economy, 1988, 96 (5): 921 – 947.

［285］ Hausmann R. , Rodrik D. Doomed to Choose: Industrial Policy as Predicamet ［Z］. John F. Kennedy School of Government, Harvard University, 2006 (9): 7.

［286］ Henderson R. , Jaffe A. and Trajtenberg M. Universities AS A Source of Commercial Techonlogy: A Detailed Analysis of University Patenting 1965 – 1988 ［J］. Review of Economic and satistics, 1998, 2 (80): 119 – 127.

［287］ Hpoister T. Public Program Analysis: Applied Methods ［M］. Englewood Cliffs, N. J. , Prentice – Hall, 1981: 232.

［288］Huang C. H. Tax Credits and Total Factor Productivity: Firm - level Evidence from Taiwan ［J］. Journal of technology transfer, 2015, 40 (6): 932 - 947.

［289］Jorgenson D. W. , Griliches Z. The Explanation of Productivity Change ［J］. The Review of Economic Studies, 1967, 34 (3): 249 - 283.

［290］Keller W. International Technology Diffusion ［J］. Journal of Economic Literature, 2002, 42 (3), 752 - 782.

［291］Kendrick J W. Productiveity Trends in the United States ［M］. New Jersey: Princeton University Press, 1961.

［292］Kim L. Crisis Construction and Organizational Learning: Capability Building in Catching - up at Hyundai Motor ［J］. Organization Science, 1998, 9 (4): 506 - 521.

［293］Klette T. J. Market Power, Scale Economies and Productivity: Estimate from a Panel of Establishment Data ［J］. The Journal of Industrial Economics, 1999, 47 (4): 451 - 476.

［294］Kokko A. Technology, Market Characteristics, and Spillovers ［J］. Journal of Development Economics, 1994, 43 (2): 279 - 293.

［295］Krugman P. Import Protection as Export Promotion: International Competition in the Presence of Oligopoly and Economies of Scale ［M］. Gloucestershire: Clarendon Press, 1984: 180 - 193.

［296］Krugman P. Myth of Asia's Miracle ［J］. Foreign Affairs, 1994, 73 (6): 62 - 78.

［297］Kumbhakar S. , Lovell C. Stochastic Frontier Analysis ［M］. New York: Cambridge University Press, 2000.

［298］Lall S. Reinventing Industrial Strategy: The Role of Government Policy in Building Industrial Competitiveness ［J］. Annals of Economics and Finance, 2013, 14 (2): 767 - 811.

［299］Lane P. J. , Koka B. R. , Pathak S. The Reification of Absorptive Capability: A Critical Review and Rejuvenation of the Construct ［J］. Academy of Management Review, 2006, 31 (4): 833 - 863.

［300］Lane P. J. , Salk J. E. , Lyles M. A. Absorptive Capacity, Learning and Performance in International Joint Ventures ［J］. StrategicManagement Journal,

2001, 22 (1): 1139 –1161.

[301] Lane P. , Lubatkin M. Relative Absorptive Capacity and Interorganizational Learning [J] . Strategic Management Journal, 1998, 19 (5): 461 –477.

[302] Lawrence R. Z. , Weinstein D, E. Trade and Growth: Import – led or Export – led? Evidence from Japan and Korea [M] . NBER Working Paper Series. Cambridge: NBER, 1999: 23 –24.

[303] Lesage P. , Pace R. K. Introduction to Spatial Econometrics [M] . Bocaraton, USA: CRC Press, 2009.

[304] Levinsohn J. A. , Petrin A. Estimating Production Functions Using Inputs to Control for Unobservables [J] . The Review of Economic Studies, 2003, 70 (2): 317 –341.

[305] Lin, C. , Tan, B. , Chang S. The Critical Factors for Technology Absorptive Capacity [J] . Industrial Management & Data Systems, 2002, 102 (6): 300 – 1161.

[306] Lucas R. On the Mechanics of Economic Development [J] . Journal of Monetary Economics, 1988, 22 (1): 3 –42.

[307] Malmquist S. Index Numbers and Indifference Surfaces [J] . Trabajos de Estadistica, 1953, 4 (2): 209 –242.

[308] Morck R. , Yeung B. , Zhao M. Perspective On China's Outward Foreign Direct Investment [J] . Journal of International Business Studies, 2008 (39): 337 – 350.

[309] Mowery D. C. , Oxley J. E. Inward Technology Transfer and Competitiveness: The Role of National Innovation Systems [J] . Cambridge Journal of Economics, 1995, 19 (1): 67 –93.

[310] Murovec N. , Prodan I. Absorptive Capacity, its Determinants, and Influence on Innovation Output: Cross – cultural Validation of the Structural Model [J] . Technovation, 2009, 29 (12): 859 –872.

[311] Nelson R. , Phelps E. S. Investment in Humans, Technological Diffusion, and Economic Growth [J] . American Economic Review, 1966 (56): 69 –75.

[312] Olley G. S. , Pakes A. The Dynamics of Productivity in the Telecommunications Equipment Industry [J] . Econometrica, 1996, 64 (6): 1263 –1297.

[313] Pritchett L. Where has all the Education Cone [J] . World Bank Economic Review, 2001, 15 (3): 367 – 391.

[314] Proksch S. O. , Slapin J. B. How to Avoid Pitfalls in Statistical Analysis of Political Texts: The Case of Germany [J] . German Politics, 2009, 18 (18): 323 – 344.

[315] Rodrik D. Understanding Economic Policy Reform [J] . Journal of Economic Literature, 1996, 34 (1): 9 – 41.

[316] Romer P. Endogenous Technoligical Change [J] . Journal of Political Economy, 1990, 98 (5): 71 – 102.

[317] Ruff L. E. Research and Technological Progress in a Cournot Economy [J] . Journal of Economic Theory, 1969, 1 (4): 397 – 415.

[318] Russo C. , Goodhue R. E. , Sexton, R. J. Agricultural Support Policies in Imperfectly Competitive Markets: Why Market Power Matters in Policy Design [J] . American Journal of Agricultural Economics, 2011, 93 (5): 1328 – 1340.

[319] Sakakibara M. , Cho, D. S. Cooperative R & D in Japan and Korea: A Comparison of Industrial Policy [J] . Research Policy, 2002 (31): 673 – 692.

[320] Sattoro M. D. , Bierly P. External Knowledge Application: The Role of Internal and External Facilitators [C] . The Academy of Management Annual Meeting, New Orlears, 2004.

[321] Scotte P. , Monke E. A. The Policy Analysis Matrix for Agricultural Development [M] . New York: Cornell University Press, 1989.

[322] Solow R. M. Technical Change and the Aggregate Production Function [J] . The Review of Economics and Statistics, 1957, 39 (3): 12 – 320.

[323] Stiglitz J. E. Principles of Financial Regulation: A Dynamic, Portfolio Approach [J] . The World Bank Research Observer, 2001, 16 (1): 1 – 18.

[324] Stiglitz J. E. The Role of the State in Financial Markets [J] . World Bank Economic Review, 1993, 7 (1): 19 – 52.

[325] Stiglitz J. E. From Miracle to Crisis to Recovery: Lessons from Four Decades of East Asian Experience , Joseph E. Stiglitz and Shahid Yusuf (eds.), Rethinking the East Asian Miracle [M] . New York: Oxford University Press, 2001: 509 – 526.

［326］Tebaldi E. The Dynamics of Total Factor Productivity and Institutions ［J］. Journal of Economic Development, 2016, 41 (4): 1 – 25.

［327］Tesoriere A. A Further Note on Endogenous Spillovers in a Non – tournament R&D Duopoly ［J］. Review of Industrial Organization, 2008, 33 (2): 177 – 184.

［328］Tinbergen J. Zur Theorie Der Langristigen Wirtschaftsentwicklung ［J］. Weltwirtschaftiches Archiv, 1942, 55 (1): 511 – 549.

［329］Todorova G., Durisin B. Absorptive Capacity: Valuing a Reconceptualization ［J］. Academy of Management Review, 2007, 32 (3): 774 – 786.

［330］Van den Bosch, F., H. W. Volberda and M de Boer. Coevolution of Firm Absorptive Capacity and Knowledge Environment: Organizational Forms and Combinative Capabilities ［J］. Organization Science, 1999, 10 (5): 551 – 568.

［331］Veblen T. The Place of Science in Modern Civilisation and Other Essays ［M］. New York: Huebsch. 1919.

［332］Verspagen B. Estimating International Technology Spillovers Using Technology Flow Matrices ［J］. Weltwirtschaftliches Archiv, 1997, 133 (2): 226 – 248.

［333］Weiss J. Industrial Policy in the Twenty first Century ［R］. Working Paper, 2017 (55).

［334］Woo W. Chinese Economic Growth: Sources and Prospects ［M］. in Fouquin, M., and F. Lemoine (eds), The Chinese Economy. Paris, 1998: 95 – 112.

［335］Yilmaz G. Resurgence of Selective Industrial Policy ［R］. What Turkey Needs, Turkish Economic Association Working Papers, 2011.

［336］Young. A Gold into Base Metals: Productivity Growth in the Peoples Republic of China during the Reform Period ［J］. Journal of Political Economy, 2003, 111 (6): 1220 – 1261.

［337］Zahra S. A., George G. Absorptive Capacity: A Review, Reconceptualization, and Extension ［J］. Academy of Management Review, 2002, 27 (2): 185 – 203.

附录1 2007~2017年全国及分地区 CPI（一）

年份	2007	2008	2009	2010	2011	2012	2013	2014	2015	2016	2017
全国	104.8	105.9	99.3	103.3	105.4	102.6	102.6	102	101.4	102	101.4
北京	102.4	105.1	98.5	102.4	105.6	103.3	103.3	101.6	101.8	101.4	101.2
天津	104.2	105.4	99	103.5	104.9	102.7	103.1	101.9	101.7	102.1	101.5
河北	104.7	106.2	99.3	103.1	105.7	102.6	103	101.7	100.9	101.5	101
山西	104.6	107.2	99.6	103	105.2	102.5	103.1	101.7	100.6	101.1	100.7
内蒙古	104.6	105.7	99.7	103.2	105.6	103.1	103.2	101.6	101.1	101.2	100.9
辽宁	105.1	104.6	100	103	105.2	102.8	102.4	101.7	101.4	101.6	101.2
吉林	104.8	105.1	100.1	103.7	105.2	102.5	102.9	102	101.7	101.6	101.4
黑龙江	105.4	105.6	100.2	103.9	105.8	103.2	102.2	101.5	101.1	101.5	101
上海	103.2	105.8	99.6	103.1	105.2	102.8	102.3	102.7	102.4	103.2	102.4
江苏	104.3	105.4	99.6	103.8	105.3	102.6	102.3	102.2	101.7	102.3	101.7
浙江	104.2	105	98.5	103.8	105.4	102.2	102.3	102.1	101.4	101.9	101.4
安徽	105.3	106.2	99.1	103.1	105.6	102.3	102.4	101.6	101.3	101.8	101.2
福建	105.2	104.6	98.2	103.2	105.3	102.4	102.5	102	101.7	101.7	101.4
江西	104.8	106	99.3	103	105.2	102.7	102.5	102.3	101.5	102	101.5
山东	104.4	105.3	100	102.9	105	102.1	102.2	101.9	101.2	102.1	101.3
河南	105.4	107	99.4	103.5	105.6	102.5	102.9	101.9	101.3	101.9	101.3
湖北	104.8	106.3	99.6	102.9	105.8	102.9	102.8	102	101.5	102.2	101.5
湖南	105.6	106	99.6	103.1	105.5	102	102.5	101.9	101.9	101.9	101.3
广东	103.7	105.6	97.7	103.1	105.3	102.8	102.5	102.3	101.5	102.3	101.6

续表

年份	2007	2008	2009	2010	2011	2012	2013	2014	2015	2016	2017
广西	106.1	107.8	97.9	103	105.9	103.2	102.2	102.1	101.5	101.6	101.3
海南	105	106.9	99.3	104.8	106.1	103.2	102.8	102.4	101	102.8	101.7
重庆	104.7	105.6	98.4	103.2	105.3	102.6	102.7	101.8	101.3	101.8	101.2
四川	105.9	105.1	100.8	103.2	105.3	102.5	102.8	101.6	101.5	101.9	101.3
贵州	106.4	107.6	98.7	102.9	105.1	102.7	102.5	102.4	101.8	101.4	101.5
云南	105.9	105.7	100.4	103.7	104.9	102.7	103.1	102.4	101.9	101.5	101.5
陕西	105.1	106.4	100.5	104	105.7	102.8	103	101.6	101	101.3	100.9
甘肃	105.5	108.2	101.3	104.1	105.9	102.7	103.2	102.1	101.6	101.3	101.3
青海	106.6	110.1	102.6	105.4	106.1	103.1	103.9	102.8	102.6	101.8	102
宁夏	105.4	108.5	100.7	104.1	106.3	102	103.4	101.9	101.1	101.5	101.1
新疆	105.5	108.1	100.7	104.3	105.9	103.8	103.9	102.1	100.6	101.4	101
西藏	103.4	105.7	101.4	102.2	105	103.5	103.6	102.9	102	102.5	102.1

注：上年＝100。

资料来源：国家统计局官网及历年《中国统计年鉴》。

附录2 2007～2017年全国及分地区固定资产投资价格指数（一）

年份	2007	2008	2009	2010	2011	2012	2013	2014	2015	2016	2017
全国	103.9	108.9	97.6	103.6	106.6	101.1	100.3	100.5	98.2	99.4	104.6
北京	102.8	107.8	97.1	102.5	105.7	101.3	99.9	100	97.6	99.7	104.3
天津	102.6	109.2	97.6	102.6	105.7	100	99.5	100.5	99.9	99.4	105.2
河北	103.8	109.6	96.5	103.7	105.5	100.3	99.9	100.2	98	99.4	104.4
山西	104.1	113.3	98.1	103.7	105.5	101.2	100.5	99.6	98.2	100	104.5
内蒙古	103.8	108.1	98.5	105.4	106.3	101.6	99.6	99.8	98	99.5	104.3
辽宁	104.3	109.1	97.0	103.3	106.6	101	100	99.7	97.9	99.2	104.1
吉林	103.9	107.3	99.4	102.4	105.6	100.4	100	100.2	97.6	98.7	104
黑龙江	104.5	109.0	97.6	105.2	107.5	100.8	100.1	100	99	99.4	104.7
上海	103.5	107.9	97	103.8	106.5	99.4	100.2	100.5	97	99.6	104.2
江苏	104.9	110.0	97.7	105.1	106.8	98.6	100.5	101.1	96.2	98.8	103.9
浙江	104.4	109.3	96.7	104.7	107.5	99.2	100	100.6	97.4	99.5	104.4
安徽	105.4	109.4	96	105.4	108.1	101	100.2	100.3	96.9	99.2	104
福建	105.9	105.9	98	103.3	106.2	100.3	100.1	100.4	98.3	100	104.8
江西	105.4	110.4	96.1	104.8	108.4	101	100.4	100.1	96.8	100	104.2
山东	104	107.7	96.9	103.6	106.8	100.8	100.4	100.3	97.7	99.1	104.2
河南	104.6	109.0	96.4	103.5	107.4	101	99.9	100	97.6	99.2	104.1
湖北	104.1	109.4	98.8	104.7	107.3	101.8	100.5	101	99.4	100.1	105.4
湖南	105.8	109.9	99.7	104.0	107.2	101.7	101.3	101.5	100.4	100.4	106.1
广东	102.4	108.6	96.7	103.0	105.5	101.5	101.4	101.5	99	100.3	105.5

续表

年份	2007	2008	2009	2010	2011	2012	2013	2014	2015	2016	2017
广西	102.3	107.9	97.9	103.0	106.2	100.6	100.1	101.6	98.8	99.5	105.2
海南	106.1	113.3	97.7	105.2	106.4	102	99.3	100.6	99.4	100.1	105.3
重庆	105.5	110.2	97.8	102.1	105.9	101.8	100.5	100.3	98.2	98.9	104.4
四川	104.7	112.5	98.3	102.5	105.2	101	100.4	100.5	97.9	99.8	104.6
贵州	103.5	108.9	100.5	102.7	105.4	101.5	100.9	101.1	98.4	98.6	104.6
云南	104.2	107.4	98.1	102.7	104.6	101.4	101.1	101	99.1	100.1	105.3
陕西	104	109.5	99.3	103.6	105.9	102.6	102	101.1	98.8	99.9	105.2
甘肃	102.8	106.7	101.5	103.5	104.7	102.1	100.4	100.1	97.7	98.7	104
青海	104.2	110.5	100.9	103.8	106.5	102.2	101.5	100.9	98.2	99.6	104.8
宁夏	103.2	109.0	100.2	104.2	107.5	101.5	99.8	100.8	97.5	99.6	104.5
新疆	104.4	111.2	98.0	104.6	107.1	100.6	100.5	100.3	98.3	99.9	104.7

注：上年＝100。

资料来源：国家统计局官网及历年《中国统计年鉴》。

附录 3 2007～2017 年全国及分地区 CPI（二）

年份	2007	2008	2009	2010	2011	2012	2013	2014	2015	2016	2017
全国	100	105.9	105.2	108.6	114.5	117.5	120.5	122.9	124.7	127.2	128.9
北京	100	105.1	103.5	106.0	111.9	115.6	119.5	121.4	123.6	125.3	126.8
天津	100	105.4	104.3	108.0	113.3	116.3	120.0	122.2	124.3	126.9	128.8
河北	100	106.2	105.5	108.7	114.9	117.9	121.4	123.5	124.6	126.5	127.8
山西	100	107.2	106.8	110.0	115.7	118.6	122.3	124.3	125.1	126.5	127.3
内蒙古	100	105.7	105.4	108.8	114.8	118.4	122.2	124.1	125.5	127.0	128.2
辽宁	100	104.6	104.6	107.7	113.3	116.5	119.3	121.3	123.0	125.0	126.5
吉林	100	105.1	105.2	109.1	114.8	117.6	121.1	123.5	125.6	127.6	129.4
黑龙江	100	105.6	105.8	109.9	116.3	120.0	122.7	124.5	125.9	127.8	129.1
上海	100	105.8	105.4	108.6	114.3	117.5	120.2	123.4	126.4	130.4	133.6
江苏	100	105.4	105.0	109.0	114.7	117.7	120.4	123.1	125.2	128.1	130.2
浙江	100	105	103.425	107.4	113.2	115.6	118.3	120.8	122.5	124.8	126.6
安徽	100	106.2	105.2	108.5	114.6	117.2	120.0	122.0	123.5	125.8	127.3
福建	100	104.6	102.7	106.0	111.6	114.3	117.2	119.5	121.5	123.6	125.3
江西	100	106	105.3	108.4	114.1	117.1	120.1	122.8	124.7	127.2	129.1
山东	100	105.3	105.3	108.4	113.8	116.2	118.7	121.0	122.4	125.0	126.6
河南	100	107	106.4	110.1	116.2	119.2	122.6	124.9	126.6	129.0	130.6
湖北	100	106.3	105.9	108.9	115.3	118.6	121.9	124.4	126.2	129.0	130.9
湖南	100	106	105.6	108.8	114.8	117.1	120.1	122.3	124.1	126.4	128.1
广东	100	105.6	103.2	106.4	112.0	115.1	118.0	120.7	122.5	125.4	127.4

续表

年份	2007	2008	2009	2010	2011	2012	2013	2014	2015	2016	2017
广西	100	107.8	105.5	108.7	115.1	118.8	121.4	124.0	125.8	127.8	129.5
海南	100	106.9	106.2	111.2	118.0	121.8	125.2	128.2	129.5	133.1	135.4
重庆	100	105.6	103.9	107.2	112.9	115.9	119.0	121.1	122.7	124.9	126.4
四川	100	105.1	105.9	109.3	115.1	118.0	121.3	123.2	125.1	127.5	129.1
贵州	100	107.6	106.2	109.3	114.9	118.0	120.9	123.8	126.1	127.5	129.7
云南	100	105.7	106.1	110.0	115.4	118.6	122.2	125.2	127.5	129.5	131.4
陕西	100	106.4	106.9	111.0	117.5	120.8	124.5	126.5	127.7	129.4	130.5
甘肃	100	108.2	109.6	114.1	120.8	124.1	128.1	130.8	132.8	134.6	136.3
青海	100	110.1	113.0	119.0	126.3	130.2	135.3	139.1	142.7	145.3	148.2
宁夏	100	108.5	109.3	113.7	120.9	123.3	127.5	129.9	131.4	133.3	134.8
新疆	100	108.1	108.9	113.5	120.2	124.8	129.7	132.4	133.2	135.1	136.4
西藏	100	105.7	107.2	109.5	115.0	119.0	123.3	126.9	129.4	132.7	135.5

注：2007 年 = 100。

资料来源：国家统计局官网及历年《中国统计年鉴》，2017 上半年全国按 6 个月进行平均，各省份按前三年均值乘于 2017 上半年全国平均值/全国前三年平均值。

附录4 2007～2017年全国及分地区 固定资产投资价格指数（二）

年份	2007	2008	2009	2010	2011	2012	2013	2014	2015	2016	2017
全国	100	108.9	106.3	110.1	117.4	118.7	119.0	119.6	117.5	116.8	122.1
北京	100	107.8	104.7	107.3	113.3	114.8	114.7	114.7	111.9	111.6	116.4
天津	100	109.2	106.6	109.3	115.5	115.5	115.0	115.5	115.4	114.7	120.7
河北	100	109.6	105.8	109.7	115.7	116.1	116.0	116.2	113.9	113.2	118.2
山西	100	113.3	111.1	115.2	121.5	123.0	123.6	123.1	120.9	120.9	126.3
内蒙古	100	108.1	106.5	112.2	119.2	121.1	120.6	120.4	118.0	117.4	122.4
辽宁	100	109.1	105.8	109.4	116.6	117.8	117.8	117.4	115.0	114.0	118.7
吉林	100	107.3	106.6	109.2	115.3	115.8	115.8	116.0	113.2	111.7	116.2
黑龙江	100	109.0	106.4	111.9	120.2	121.2	121.3	121.3	120.1	119.4	125.0
上海	100	107.9	104.7	108.6	115.6	114.9	115.1	115.7	112.3	111.8	116.5
江苏	100	110.0	107.5	113.0	120.7	119.0	119.6	120.9	116.3	114.9	119.4
浙江	100	109.3	105.7	110.6	118.9	118.0	118.0	118.7	115.6	115.0	120.1
安徽	100	109.4	105.1	110.7	119.7	120.9	121.1	121.5	117.7	116.8	121.4
福建	100	105.9	103.8	107.2	113.8	114.2	114.3	114.8	112.8	112.8	118.2
江西	100	110.4	106.1	111.2	120.5	121.7	122.2	122.3	118.4	118.4	123.3
山东	100	107.7	104.3	108.1	115.5	116.5	116.9	117.3	114.6	113.5	118.3
河南	100	109.0	105.0	108.7	116.7	117.8	117.7	117.7	114.9	114.0	118.7
湖北	100	109.4	108.1	113.1	121.4	123.5	124.2	125.4	124.7	124.8	131.5
湖南	100	109.9	109.3	113.8	122.1	124.2	125.8	127.7	128.2	128.7	136.5
广东	100	108.6	105.0	108.1	114.1	115.8	117.4	119.2	118.0	118.4	124.9

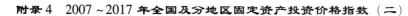

续表

年份	2007	2008	2009	2010	2011	2012	2013	2014	2015	2016	2017
广西	100	107.9	105.6	108.8	115.6	116.3	116.4	118.2	116.8	116.2	122.3
海南	100	113.3	110.7	116.5	123.9	126.4	125.5	126.3	125.5	125.7	132.3
重庆	100	110.2	107.8	110.0	116.6	118.7	119.2	119.6	117.4	116.2	121.3
四川	100	112.5	110.6	113.4	119.2	120.4	120.9	121.5	118.9	118.7	124.1
贵州	100	108.9	109.4	112.4	118.5	120.2	121.3	122.7	120.7	119.0	124.5
云南	100	107.4	105.3	108.2	113.2	114.8	116.1	117.2	116.2	116.3	122.4
陕西	100	109.5	108.8	112.7	119.4	122.5	124.9	126.3	124.8	124.7	131.2
甘肃	100	106.7	108.3	112.1	117.3	119.8	120.3	120.4	117.6	116.1	120.7
青海	100	110.5	111.5	115.7	123.3	126.0	127.9	129.0	126.7	126.2	132.3
宁夏	100	109.0	109.2	113.8	122.3	124.2	123.9	124.9	121.8	121.3	126.8
新疆	100	111.2	109.0	113.9	122.0	122.7	123.3	123.7	121.6	121.5	127.2

注：2007 年 = 100。

资料来源：国家统计局官网及历年《中国统计年鉴》，2017 上半年全国按 6 个月进行平均，各省份按前三年均值乘于 2017 上半年全国平均值/全国前三年平均值。

附录5 各省份实际人均产值情况

单位：万元

年份	2012	2013	2014	2015	2016	2017	$\overline{y}_i$	E_{ii}
北京	1.491	1.574	1.634	1.723	1.883	1.793	1.683	2.025
天津	1.574	1.649	1.709	1.738	1.825	1.887	1.730	2.082
河北	0.629	0.652	0.657	0.653	0.684	0.690	0.661	0.795
山西	0.579	0.587	0.577	0.566	0.565	0.561	0.572	0.689
内蒙古	1.100	1.139	1.169	1.154	1.146	1.055	1.127	1.357
辽宁	0.977	1.042	1.075	1.063	0.810	0.739	0.951	1.144
吉林	0.749	0.797	0.827	0.830	0.862	0.704	0.795	0.956
黑龙江	0.616	0.634	0.647	0.643	0.645	0.505	0.615	0.740
上海	1.463	1.519	1.601	1.691	1.856	1.805	1.656	1.992
江苏	1.177	1.265	1.348	1.429	1.542	1.603	1.394	1.677
浙江	1.092	1.155	1.202	1.259	1.347	1.314	1.228	1.478
安徽	0.496	0.536	0.565	0.582	0.628	0.641	0.575	0.691
福建	0.907	0.974	1.042	1.100	1.185	1.077	1.048	1.261
江西	0.496	0.536	0.570	0.595	0.642	0.613	0.575	0.692
山东	0.891	0.954	1.001	1.040	1.090	1.105	1.013	1.220
河南	0.543	0.575	0.610	0.634	0.677	0.669	0.618	0.744
湖北	0.664	0.719	0.776	0.821	0.885	0.847	0.785	0.945
湖南	0.576	0.619	0.661	0.693	0.737	0.703	0.665	0.800
广东	0.929	0.987	1.042	1.091	1.171	1.198	1.070	1.287
广西	0.480	0.515	0.543	0.570	0.603	0.531	0.540	0.650
海南	0.555	0.597	0.639	0.661	0.704	0.753	0.652	0.784

续表

年份	2012	2013	2014	2015	2016	2017	$\overline{y}_i$	E_{ii}
重庆	0.668	0.724	0.786	0.847	0.928	0.942	0.816	0.982
四川	0.510	0.547	0.578	0.595	0.635	0.611	0.579	0.697
贵州	0.339	0.388	0.435	0.484	0.528	0.506	0.447	0.538
云南	0.382	0.424	0.448	0.467	0.494	0.424	0.440	0.529
陕西	0.664	0.724	0.772	0.772	0.811	0.789	0.755	0.909
甘肃	0.378	0.412	0.435	0.425	0.440	0.360	0.408	0.491
青海	0.570	0.617	0.651	0.668	0.691	0.638	0.639	0.769
宁夏	0.624	0.663	0.685	0.709	0.748	0.650	0.680	0.818
新疆	0.580	0.627	0.665	0.642	0.641	0.571	0.621	0.747

注：基期为 1978 年，2017 年为上半年人均产值。

资料来源：笔者由历年《中国统计年鉴》整理而得。

附录6 分区域样本全滞后项空间杜宾模型基本分析结果

变量	东部 FE	中部 RE	西部 FE
	空间权重 W_{jl}	空间权重 W_{jl}	空间权重 W_{jl}
rgovsub	−0.274 ***	−0.309 ***	0.101
	(0.053)	(0.094)	(0.193)
size	0.038 ***	0.044 ***	0.047 ***
	(0.002)	(0.002)	(0.005)
lve	−0.037 ***	−0.062 ***	−0.045 ***
	(0.005)	(0.009)	(0.017)
intencap	−0.035 ***	−0.020 *	−0.058 **
	(0.008)	(0.012)	(0.025)
turnasset	0.046 ***	0.022 ***	0.025 ***
	(0.003)	(0.003)	(0.006)
lnfap	0.004 ***	−0.002	−0.005
	(0.001)	(0.002)	(0.004)
tobinq	0.003 ***	0.001 *	0.006 ***
	(3.37e−4)	(0.001)	(0.001)
cf	0.025 ***	0.064 ***	0.021
	(0.007)	(0.015)	(0.023)
lerreal	0.124 ***	0.107 ***	0.116 ***
	(0.006)	(0.010)	(0.018)
soo	3.06e−4 ***	2.99e−4 **	7.81e−4 ***
	(8.38e−5)	(1.26e−4)	(2.61e−4)

续表

变量	东部 FE	中部 RE	西部 FE
	空间权重 W_{jl}	空间权重 W_{jl}	空间权重 W_{jl}
sot	4.06e − 4 ***	5.25e − 5	− 1.87e − 4
	(6.60e − 5)	(1.07e − 4)	(1.92e − 4)
W * rgovsub	− 1.418 *	0.804	3.735 ***
	(0.785)	(0.689)	(1.048)
W * size	− 0.029	− 0.017	0.055
	(0.019)	(0.012)	(0.043)
W * lve	0.101	− 0.045	− 0.196
	(0.081)	(0.075)	(0.186)
W * intencap	− 0.031	− 0.079	0.730 ***
	(0.113)	(0.107)	(0.260)
W * turnasset	− 0.132 ***	0.012	− 0.019
	(0.030)	(0.028)	(0.048)
W * lnfap	0.003	0.028	− 0.063 *
	(0.021)	(0.021)	(0.036)
W * tobinq	− 0.006 ***	− 0.005 *	0.011 *
	(0.001)	(0.003)	(0.006)
W * cf	0.302 ***	0.214 ***	− 0.120
	(0.077)	(0.079)	(0.177)
W * lerreal	− 0.003	− 0.045	− 0.271
	(0.049)	(0.060)	(0.192)
W * soo	1.84e − 3	1.19e − 4	0.009 **
	(1.44e − 3)	(8.66e − 4)	(0.004)
W * sot	− 1.12e − 3	2.04e − 5	9.77e − 4
	(7.85e − 4)	(7.85e − 4)	(1.71e − 3)
rho	0.435 ***	0.258 *	0.335 **
	(0.115)	(0.145)	(0.156)
Hausman	189.91 ***	− 3.60	22.61 **
R^2	0.319	0.414	0.320
lnL	11369.292	2485.832	1381.346
观测数	4782	1110	642

注：①变量对应括号内为估计值的标准误；②***、**和*分别表示在1%、5%和10%的水平上显著。

资料来源：由笔者分析并整理而成。

附录7 分区域样本全滞后项空间杜宾模型稳健性检验结果

变量	东部 FE 经济权重 W_{jjfzdb}	东部 FE 嵌套权重 W_{jjledb}	中部 RE 经济权重 W_{jjfzzb}	中部 FE 嵌套权重 W_{jjlezb}	西部 FE 经济权重 W_{jjfzxb}	西部 FE 嵌套权重 W_{jjlexb}
rgovsub	− 0. 271 ***	− 0. 294 ***	− 0. 306 ***	− 0. 210 ***	0. 107	0. 061
	(0. 053)	(0. 053)	(0. 094)	(0. 092)	(0. 192)	(0. 194)
size	0. 038 ***	0. 037 ***	0. 044 ***	0. 050 ***	0. 047 ***	0. 048 ***
	(1. 56e − 3)	(1. 56e − 3)	(1. 76e − 3)	(2. 88e − 3)	(5. 05e − 3)	(5. 05e − 3)
lve	− 0. 037 ***	− 0. 038 ***	− 0. 061 ***	− 0. 062 ***	− 0. 045 ***	− 0. 050 ***
	(0. 005)	(0. 005)	(0. 009)	(0. 009)	(0. 017)	(0. 017)
intencap	− 0. 035 ***	− 0. 036 ***	− 0. 019 *	4. 92e − 4	− 0. 058 **	− 0. 051 **
	(0. 008)	(0. 008)	(0. 012)	(0. 015)	(0. 025)	(0. 025)
turnasset	0. 046 ***	0. 046 ***	0. 022 ***	0. 026 ***	0. 024 ***	0. 025 ***
	(2. 71e − 3)	(2. 70e − 3)	(3. 09e − 3)	(3. 70e − 3)	(5. 95e − 3)	(5. 81e − 3)
lnfap	0. 004 ***	0. 004 ***	− 0. 002	− 0. 004	− 0. 005	− 0. 006
	(1. 21e − 3)	(1. 20e − 3)	(2. 24e − 3)	(2. 74e − 3)	(4. 18e − 3)	(4. 14e − 3)
tobinq	2. 71e − 3 ***	2. 60e − 3 ***	1. 44e − 3 *	9. 05e − 4	6. 01e − 3 ***	5. 61e − 3 ***
	(3. 37e − 4)	(3. 37e − 4)	(8. 59e − 4)	(8. 36e − 4)	(1. 50e − 3)	(1. 46e − 3)
cf	0. 025 ***	0. 023 ***	0. 064 ***	0. 039 ***	0. 019	0. 025
	(0. 007)	(0. 007)	(0. 015)	(0. 014)	(0. 028)	(0. 029)
lerreal	0. 124 ***	0. 124 ***	0. 107 ***	0. 136 ***	0. 115 ***	0. 113 ***
	(0. 006)	(0. 006)	(0. 010)	(0. 011)	(0. 018)	(0. 018)
soo	3. 09e − 4 ***	3. 02e − 4 ***	2. 96e − 4 **	6. 29e − 4 ***	7. 82e − 4 ***	7. 12e − 4 ***
	(8. 38e − 5)	(8. 35e − 5)	(1. 26e − 4)	(1. 71e − 4)	(2. 60e − 4)	(2. 59e − 4)
sot	3. 99e − 4 ***	4. 27e − 4 ***	5. 27e − 5	− 5. 12e − 5	− 1. 97e − 4	− 2. 30e − 4
	(6. 60e − 5)	(6. 58e − 5)	(1. 07e − 4)	(1. 19e − 4)	(1. 92e − 4)	(1. 91e − 4)

续表

变量	东部 FE 经济权重 W_{jjfzdb}	东部 FE 嵌套权重 W_{jjlcdb}	中部 RE 经济权重 W_{jjfzzb}	中部 FE 嵌套权重 W_{jjlczb}	西部 FE 经济权重 W_{jjfzxb}	西部 FE 嵌套权重 W_{jjlcxb}
$W \times rgovsub$	-0.948 (0.672)	4.542 *** (1.574)	1.000 (0.724)	3.521 *** (1.138)	4.007 *** (1.061)	2.092 (2.288)
$W \times size$	-0.016 (0.019)	0.044 (0.038)	-0.015 (0.013)	0.174 *** (0.037)	0.039 (0.047)	0.050 *** (0.083)
$W \times lve$	0.057 (0.072)	-0.159 (0.164)	0.008 (0.075)	-0.399 *** (0.126)	-0.289 (0.195)	-0.104 (0.350)
$W \times intencap$	0.017 (0.113)	-0.140 (0.283)	-0.027 (0.111)	0.876 *** (0.206)	0.671 *** (0.247)	-1.086 * (0.627)
$W \times turnasset$	-0.090 *** (0.027)	-0.047 (0.087)	0.004 (0.032)	-0.043 (0.051)	-0.029 (0.053)	-0.103 * (0.090)
$W \times lnfap$	0.001 (0.020)	-0.037 (0.045)	0.012 (0.022)	-0.194 *** (0.047)	-0.047 (0.038)	0.208 * (0.108)
$W \times tobinq$	-0.007 *** (0.001)	-0.009 *** (0.003)	-0.006 * (0.003)	-0.030 *** (0.005)	-0.009 (0.006)	-0.049 *** (0.017)
$W \times cf$	0.277 *** (0.071)	0.482 *** (0.165)	0.197 ** (0.080)	0.022 (0.114)	-0.179 (0.198)	0.122 (0.398)
$W \times lerreal$	0.065 (0.049)	-0.105 (0.107)	-0.039 (0.062)	0.478 *** (0.155)	-0.318 * (0.174)	0.767 (0.497)
$W \times soo$	0.001 (0.001)	0.005 *** (0.002)	$-2.12e-4$ ($9.85e-4$)	0.005 ** (0.002)	0.010 *** (0.003)	0.010 (0.012)
$W \times sot$	$-8.29e-4$ ($6.89e-4$)	-0.007 *** (0.002)	$-2.13e-4$ ($8.27e-4$)	$-4.34e-4$ ($1.02e-3$)	$2.14e-4$ ($1.55e-3$)	$-2.40e-3$ ($4.79e-3$)
rho	0.410 *** (0.108)	-0.652 * (0.369)	0.248 * (0.146)	0.622 ** (0.308)	0.364 ** (0.156)	0.120 (0.244)
Hausman	177.54 ***	206.36 ***	-2.10	-61.49	24.65 **	28.18 ***
R^2	0.319	0.325	0.412	0.437	0.321	0.331
lnL	11370.142	11391.027	2484.350	2788.871	1382.219	1385.433
观测数	4782	4782	1110	1110	642	642

注：①变量对应括号内为估计值的标准误；②***、**和*分别表示在1%、5%和10%的水平上显著。

资料来源：由笔者分析并整理而成。

附录8 分产业样本全滞后项空间杜宾模型基本分析结果

变量	第一产业 FE	第二产业 RE	第三产业 RE
	空间权重 W_{jlyc}	空间权重 W_{jlec}	空间权重 W_{jlxb}
rgovsub	0.677	− 0.324 ***	− 0.227 ***
	(0.925)	(0.054)	(0.082)
size	− 0.013	0.040 ***	0.040 ***
	(0.036)	(9.11e − 4)	(1.50e − 3)
lve	− 0.108 *	− 0.037 ***	− 0.047 ***
	(0.062)	(4.49e − 3)	(7.04e − 3)
intencap	− 0.534 ***	− 0.041 ***	− 0.039 ***
	(0.143)	(0.006)	(0.011)
turnasset	0.242 ***	0.029 ***	0.018 ***
	(0.061)	(1.85e − 3)	(2.89e − 3)
lnfap	0.160 ***	2.53e − 3 **	− 1.51e − 3
	(0.044)	(1.09e − 3)	(1.36e − 3)
tobinq	9.37e − 3	3.09e − 3 ***	3.06e − 3 ***
	(6.62e − 3)	(3.98e − 3)	(4.71e − 4)
cf	0.338 ***	0.050 ***	0.036 ***
	(0.131)	(0.008)	(0.011)
lerreal	0.446 ***	0.115 ***	0.068 ***
	(0.115)	(0.006)	(0.006)
soo	− 0.009 **	1.90e − 4 ***	3.56e − 4 ***
	(0.004)	(6.29e − 5)	(1.07e − 4)

续表

变量	第一产业 FE	第二产业 RE	第三产业 RE
	空间权重 W_{jlyc}	空间权重 W_{jlec}	空间权重 W_{jlxb}
sot	3. 24e − 3 **	2. 46e − 4 ***	3. 65e − 06
	(1. 47e − 3)	(5. 68e − 5)	(9. 22e − 4)
W × rgovsub	0. 970	1. 020 **	0. 763 *
	(1. 473)	(0. 420)	(0. 411)
W × size	− 0. 161 **	− 0. 019 **	− 0. 018 ***
	(0. 075)	(0. 008)	(0. 006)
W × lve	− 0. 039	− 0. 061	0. 018
	(0. 166)	(0. 044)	(0. 034)
W × intencap	− 0. 533	− 0. 008	− 0. 060
	(0. 347)	(0. 051)	(0. 044)
W × turnasset	− 3. 55e − 3	− 0. 025	− 0. 010
	(0. 179)	(0. 020)	(0. 015)
W × lnfap	0. 058	0. 009	0. 026 ***
	(0. 059)	(0. 010)	(7. 76e − 3)
W × tobinq	− 0. 019	− 0. 004 ***	− 0. 006 ***
	(0. 022)	(0. 001)	(0. 001)
W × cf	1. 112 ***	0. 127 **	0. 122 ***
	(0. 295)	(0. 054)	(0. 044)
W × lerreal	− 0. 411	− 0. 023	0. 041 **
	(0. 302)	(0. 039)	(0. 021)
W × soo	0. 006	1. 12e − 4	2. 68e − 4
	(6. 68e − 3)	(6. 39e − 4)	(2. 49e − 4)
W × sot	2. 30e − 4	− 9. 64e − 5	− 1. 99e − 4
	(2. 97e − 3)	(5. 49e − 4)	(3. 48e − 4)
rho	− 0. 151	0. 398 ***	0. 294 ***
	(0. 181)	(0. 0784581)	(0. 078)
Hausman	19. 00 *	− 347. 69	− 33. 07
R^2	0. 728	0. 302	0. 391
lnL	122. 835	10540. 330	3199. 373
观测数	54	5052	1428

注：①变量对应括号内为估计值的标准误；②***、**和*分别表示在1%、5%和10%的水平上显著。

资料来源：由笔者分析并整理而成。

附录9　分产业样本全滞后项空间杜宾模型稳健性检验结果

变量	第一产业 RE 经济权重 W_{jjfzyc}	第一产业 RE 嵌套权重 W_{jjleyc}	第二产业 RE 经济权重 W_{jjfzec}	第二产业 RE 嵌套权重 W_{jjlcec}	第三产业 RE 经济权重 W_{jjfzsc}	第三产业 FE 嵌套权重 W_{jjlcsc}
rgovsub	1.291 (0.953)	1.599 (1.066)	-0.520 (0.392)	-0.331*** (0.054)	-0.231*** (0.082)	-0.270*** (0.078)
size	0.042*** (0.016)	0.028* (0.017)	0.046*** (0.007)	0.040*** (0.001)	0.040*** (1.48e-3)	0.038*** (0.002)
lve	-0.002 (0.054)	-0.048 (0.065)	-0.033 (0.035)	-0.037*** (0.004)	-0.047*** (0.007)	-0.054*** (0.007)
intencap	-0.383*** (0.079)	-0.309*** (0.083)	-0.137*** (0.051)	-0.040*** (0.006)	-0.039*** (0.010)	-0.021* (0.012)
turnasset	0.165*** (0.040)	0.099** (0.039)	-0.010 (0.014)	0.029*** (0.002)	0.018*** (0.003)	0.030*** (0.003)
lnfap	0.058*** (0.017)	0.047*** (0.017)	0.016* (0.009)	0.002** (0.001)	-1.41e-3 (0.001)	-0.002 (1.52e-3)
tobinq	3.64e-3 (6.60e-3)	7.26e-3 (6.59e-3)	0.010*** (2.72e-3)	2.97e-3*** (3.98e-4)	3.07e-3*** (4.71e-4)	2.63e-3*** (4.40e-4)
cf	0.194 (0.123)	0.108 (0.106)	0.085 (0.056)	0.047*** (0.008)	0.037*** (0.011)	0.027*** (0.010)
lerreal	0.531*** (0.097)	0.414*** (0.091)	-0.045 (0.045)	0.115*** (0.006)	0.067*** (0.006)	0.071*** (0.007)

续表

变量	第一产业 RE	第一产业 RE	第二产业 RE	第二产业 RE	第三产业 RE	第三产业 FE
	经济权重 W_{jjfzyc}	嵌套权重 W_{jjlcyc}	经济权重 W_{jjfzec}	嵌套权重 W_{jjlcec}	经济权重 W_{jjfzsc}	嵌套权重 W_{jjlcsc}
soo	$-3.49e-4$	$-1.67e-3$	$5.87e-4$	$1.91e-4$ ***	$3.33e-4$ ***	$6.12e-4$ ***
	$(9.78e-4)$	$(1.39e-3)$	$(5.07e-4)$	$(6.29e-5)$	$(1.07e-4)$	$(1.28e-4)$
sot	-0.001	$8.24e-4$	$1.76e-4$	$2.62e-4$ ***	$1.45e-5$	$1.57e-5$
	(0.001)	$(1.07e-3)$	$(4.39e-4)$	$(5.68e-5)$	$(9.45e-5)$	$(9.48e-5)$
$W \times$ rgovsub	2.350 **	0.286	-0.064 **	-1.313 **	0.779 **	1.479 **
	(1.178)	(3.280)	(0.025)	(0.687)	(0.360)	(0.613)
$W \times$ size	0.020	0.137 ***	-0.017 ***	-0.016	-0.019 ***	0.019 ***
	(0.033)	(0.047)	$(2.78e-4)$	(0.017)	(0.006)	(0.017)
$W \times$ lve	-0.115	0.245	-0.077 **	0.163 *	0.037	-0.127
	(0.137)	(0.205)	$(2.44e-3)$	(0.087)	(0.030)	(0.100)
$W \times$ intencap	-0.380 *	0.597 *	0.018 ***	-0.132	-0.072 *	0.355 *
	(0.214)	(0.307)	(0.002)	(0.106)	(0.042)	(0.205)
$W \times$ turnasset	0.137 *	0.218 *	-0.055 ***	-0.041	-0.004	-0.064 *
	(0.080)	(0.134)	$(8.99e-4)$	(0.031)	(0.016)	(0.033)
$W \times$ lnfap	0.035	-0.053	-0.019 ***	-0.020	0.022 ***	-0.042 **
	(0.051)	(0.059)	$(4.10e-4)$	(0.09)	(0.007)	(0.020)
$W \times$ tobinq	0.024 *	0.014	0.001 ***	$-5.47e-3$ ***	-0.006 ***	-0.006 **
	(0.014)	(0.023)	$(3.42e-5)$	(0.002)	(0.001)	$(2.74e-3)$
$W \times$ cf	0.697 **	-0.240	-0.138 ***	0.337 **	0.121 ***	0.184
	(0.304)	(0.254)	$(2.62e-3)$	(0.092)	(0.047)	(0.130)
$W \times$ lerreal	0.070	0.002	-0.138 ***	0.119	0.035 *	-0.020
	(0.203)	(0.368)	$(2.50e-3)$	(0.132)	(0.021)	(0.070)
$W \times$ soo	$4.45e-3$	-0.015 ***	$1.46e-3$ ***	$-3.54e-4$	$3.07e-4$	$2.64e-3$
	$(3.56e-3)$	(0.006)	$(5.02e-5)$	$(1.25e-3)$	$(2.49e-4)$	$(1.65e-3)$
$W \times$ sot	-0.006 ***	$-8.94e-4$	$-1.93e-3$ ***	$-1.89e-4$	$-5.19e-4$	$-4.15e-4$
	(0.002)	$(4.72e-3)$	$(3.57e-5)$	$(7.90e-4)$	$(3.52e-4)$	$(1.41e-3)$
rho	-0.281 *	0.104	0.300 ***	0.488 ***	0.292 ***	0.136
	(0.165)	(0.240)	(0.032)	(0.149)	(0.077)	(0.210)
Hausman	15.08	31.54 ***	-46.45	-376.29	-43.77	12.58
R^2	0.627	0.598	0.137	0.306	0.391	0.419
lnL	114.996	112.045	758.742	10551.459	3201.088	3641.170
观测数	54	54	5052	5052	1428	1428

注：①变量对应括号内为估计值的标准误；②***、**和*分别表示在1%、5%和10%的水平上显著。

资料来源：由笔者分析并整理而成。